Trofeos de caza

(Antología personal)

Piedra de la Locura

Colección
Homenaje a Alejandra Pizarnik

Homage to Alejandra Pizarnik
Collection
Stone of Madness

Alfredo Pérez Alencart

TROFEOS DE CAZA

(Antología personal)

Nueva York Poetry Press LLC
128 Madison Avenue, Office 2NR
New York, NY 10016, USA
Telephone: +1(929)354-7778
nuevayork.poetrypress@gmail.com
www.nuevayorkpoetrypress.com

Trofeos de caza
(Antología personal)
© 2023 Alfredo Pérez Alencart

ISBN: 978-1-958001-21-9

© Colección *Piedra de la locura vol. 19*
Antologías personales
(Homenaje a Alejandra Pizarnik)

© Blurbs:
Gonzalo Rojas
Max Alhau
Juan Antonio González Iglesias

© Publisher/Editor-in-chief:
Marisa Russo

© Editor:
Francisco Trejo

© Layout Designers:
Agustina Andrade
Montezuma Rodríguez

© Graphic Designer:
William Velásquez Vásquez

© Author's Photograph:
Personal archive

© Cover and Interiors Artist:
Miguel Elías

Pérez Alencart, Alfredo
Trofeos de caza (Antología personal); 1ª ed. New York: Nueva York Poetry Press, 2023. 456 pp. 6"x 9".

1. Peruvian poetry   2. South American poetry

All rights reserved. No part of this publication may be reproduced, distributed, or transmitted in any form or by any means, including photocopying, recording, or other electronic or mechanical methods, without the prior written permission of the publisher, except in the case of brief quotations embodied in critical reviews and certain other non-commercial uses permitted by copyright law. For permissions contact the publisher at: nuevayork.poetrypress@gmail.com.

Tras de un amoroso lance
y no de esperanza falto
volé tan alto tan alto
que le di a la caza alcance.

SAN JUAN DE LA CRUZ

Algunas pertenencias

(Pórtico)

Gratitud inmensa adeudo a Mar Russo, quien ahora cobija algunas de mis pertenencias bajo la lumbre de su colección 'Piedra de la locura', vivificante tributo a la magna poeta Alejandra Pizarnik.

Nunca es como siempre cuando de cosechar los propios frutos se trata. Los poemas buscan reacomodos, nuevos orbes donde no se resequen u oculten en su propia niebla. Tratándose de una antología, varios manojos de textos resultan suficientes. Aquí acopio parte de aquellas pulsaciones que fui publicando, desde principios de este siglo, en libros y plaquetas. Y aunque no di a la caza alcance, como nuestro grande Juan de Yepes, aquí he acopiado parte de los intentos, esos diferentes temas y voltajes que buscan su autonomía en lo que escribo, bien clamando o celebrando: lo amoroso, lo social, lo espiritual, lo telúrico, lo mestizo, lo ecológico…

Disculpen que no siga una ortodoxa ordenación cronológica de los libros. Y es que prefiero ofrecer un tablero de orientaciones, que el lector bien puede modificar tras su degustación y saboreo.

Ahí van, en nueva travesía, estos retazos que no se separan de mi aliento. Me complace que aparezcan ataviados bajo el sello de Nueva York Poetry Press y en un país donde el castellano, nuestra casa inexpropiable, crece y se fortalece.

Gracias, gracias, gracias…

A. P. ALENCART
Mayo y en Tejares
(Salamanca, 2022)

Amoris causa

Diez poemas inéditos para Jacqueline

QUERENCIA

Somos respiración del tiempo
o voces oídas por el árbol más alto de la tierra.
No sombras, no fronteras;
secreta purificación dentro del poderoso vacío
de tu imagen con mi imagen,
allí donde la vida nunca se agrieta
si dejo de mirar tu sonrisa
o el corazón que se llevaron los remolcadores.

Sé que refulges en la llama de mi mirada,
pues eres luz amarrada a mi cuerpo
lleno de palabras para la noche del existir
junto a ti, ya devueltos al origen,
música hablando de nosotros,
orquídeas mejorando su color si te nombro.
No inviernos, no otoños;
querencia muy afirmada alrededor del río
y los pájaros del trópico y la meseta.

Somos respiración del tiempo, princesa,
y es normal esta querencia, esta desnudez perfecta
que se acompaña con el canto de los ángeles,
mientras Dios nos abre su ventana.

ARDO, Y ES POR TI

Ardo, y es por ti.

Tú fuiste la llama
que me dejó iluminado
para siempre,

pues sigues estando aquí
y en mi cuerpo
conservo todo cuanto
me diste,

y ya no me duele
el corazón ni me aflige
el desamparo.

Rozando mi piel,
sabes regresar.

GACELA MÍA

Primer Movimiento

Por la casa de los pájaros, a la sombra de un bosque
    primigenio,
me fue desvelado el secreto,
el frotado barro de las estallantes resurrecciones.

Pura delicia, ella
cae sobre mí
desde el árbol altísimo del deseo
y se encostilla
para que yo exista palpitando extasiadamente,

relámpago tras relámpago
de la sexualidad
que deja navegar nuestros cuerpos
amándose
en ardua pertenencia,

matrimoniados
por la ley de las caricias,
cosa real
de un gran oficio: Amar sin refreno
el fogoso cuerpo
empecinado en el remolino,

en la historia que empieza
una vez más
embriagando con vino
de la viña que fomenta profecías
oídas clamando
desde el abecedario del prodigio.

¡Todo lo puedes,
oh varona dispuesta
a girar entre las yemas de mis dedos!

¡Humedece la soledad que me resta
y hazte adorablemente ágil
para agasajarte a destajo!

¡Ay, cómo alabo
esta gracia divina procurándome
amparo!

Oh Dios, qué de gustarme
esta carne salaz que no deserta
de mi voracidad entera,

salvada ya de toda confesión
y pródiga en juramentos
que atropellan el vientre de fuego
más cerca del fondo…

Siglos que amontonaron su resaca
para adormecer al mundo
mientras la Enviada
esté aquí, virgen
a la cascada de mi manantial…

La hora nueva
es en la tierra humeante
del rosedal,

en la ribera de dos brazos
porteando ofrenda tan hermosa,
en el lecho de aprendiz
donde mezclo
los alientos del primer contacto…

Segundo Movimiento

En la hora temblorosa se abren las compuertas del
	cielo.
Un antiquísimo deseo destila su metafísica
para que llueva por los aires la simiente.

Aquí mi Amada
usando
la vara mágica por la boca y la manzana,
floreciendo entre aromas de evasión
o galas delirantes,
torciéndose junto a la eternidad de mi sangre
que prevalece

como cedro ardiendo
en sitio fragante donde el espíritu
se derrama
hasta clarear lo oscuro.

"¡Encélate, Amado, porque el cielo
es todavía! ¡Pasa por la horquilla del relámpago
y atrévete a descifrarme por entero!".

Heme ahí,
honrando
el altar del exilio, la lámpara entre mis manos,

el lecho que no es ajeno a las delicias,
la lanzadera de mis huesos…

¡Ah, que me encierren con los pies desnudos
y se abra para mí el hospicio
o el jardín donde al final se clama!

"Mi Amado es benevolente,
mi Amado me arrebata,
mi Amado viene para que yo siga,
mi Amado me remoja en los calores de la tarde,
mi Amado se despoja para que yo reciba…
¡Canta, oh pájaro del Edén,
canta sobre la colina que multiplica las visiones!".

Debo ir a la Esposa,
fecundarla bajo el círculo del sueño,
darle agua de más vida para que nada tema
mientras se entrega a la fuerza
del designio, mientras siente el sismo
y huele la miel silvestre de este linaje mío
tan oreado por las travesías.

Voy hacia ti,
Esposa de mi siembra y mi cosecha,
voy
hacia el ángulo
de tus genuflexiones.

"Mi cuerpo se despierta virgen.
Ven, Amado de las andaduras con espino.
Ven, que te daré cálidos chubascos de confidencias.
Ven, que ya no quiero más calma en las aguas
que se me empozan".

Esposa mía,
gacela de los sagrados bosques,
¡No me quedo con los brazos cruzados
y voy hacia tu espacio
para el examen de pesas y medidas!

EL DESEO BAJO EL SOL

Primer Movimiento

El deseo bajo el sol,
el aroma del hogar, la calentura de la sangre
    resucitándome
al giro de la rosa irresistible
bajo el vientre complacido y espejeante.

¡Oh, Dios que inflamas la piel y las estrellas,
Dios para tantas razones de lo humano, Dios
que nunca asfixias, pues voluntad tuya es preñarnos
de Amor hasta desfallecer!

¡Tiembla la vida cuando sucede!

Y siempre sucede en la turgente carnalidad
    desbordada,
ofreciéndose a los labios de la abeja primaveral
en dulce tránsito sin término, desnudando
los pétalos hasta sus adentros, degustando la Flor
sin importar el ruido cotidiano.

Siempre sucede el caudal que cambia la temperatura:
climas y fragancias, néctar del jardín.

¡Milagro del otoño semejándose al verano!

Manjares probándose en lecho de silvestre Paraíso,
tan sediento de goces tras diez mil años oculto:
reanudo el júbilo con los sentidos fogosos,
pongo la Flor a la altura de mi pecho y aguas dilatan
lo que arquean las caricias.

¡Oh paladar agradándote en el vergel!

El Árbol crece para los instantes terrenales: se
      enraíza,
se agolpa, da sombra por Ella: embiste
porque desea llenar la alforja vacía, porque busca
Tierra Prometida o nutrientes que lo mantengan
      erguido,
fuerte contra vientos destructores de renuevos.

Por Ti luce entero el Árbol, estremeciendo la Flor
que custodia, el fruto constante del Amor en
      comunión.
Estando con Ella, no quiero ningún destierro,
y clamo por eso:

"¡Si planean mi exilio, que el Amor los destruya!"

Bordeo las laderas del deseo, ágil en la tentación
para cada encuentro que no esconde un adiós,

la posibilidad de que el frío entumezca las ramas,
     agriete
la tierra, seque el manantial donde remas
tan a gusto, perdida toda extranjería
en la orilla que aprietas para evitar desengaños.

¡Conmoción al extender las manos!
¡Conmoción al recibir la recompensa!
¡Conmoción al percibir la fragancia de la flor!
¡Conmoción al palpar la cereza del jardín!
¡Conmoción ante la proximidad del éxtasis!

Segundo Movimiento

La llamada permanente bajo el roce de los cuerpos
y esos arpegios de una Flor invitándote
a conocer sus arterias antes que algún inoportuno
levante su voz por las inmediaciones,
antes que se sequen las raíces en lo más profundo
        de mí,
de Ella, de nuestras sombras perfectas y habitables.

¿De qué profundidad surgen las aguas que me
        levantan
tras relativa calma?
¿Dónde el lugar de la confiada celebración
para la sagrada entrega?

A veces no consigo amparo ni cuando asoma la
        mañana.
A veces no se vierte la savia: la torpeza quiebra
el deseo cuando falta una gran pancarta que diga:
"Te quiero".

¡Ya no voy deprisa, pero mantengo mi tacto de
        geólogo
en medio del huerto cerrado!

Y otra vez Dios logrando que el viento no recline
        el Árbol,

otra vez Dios trayendo hacia mí
a la hermosa que se cubre con tropical orquídea,
mientras mi alma da empujones queriendo estar ya
sobre la forma exacta del fruto.

¡Flor o Princesa, nunca más te me escabullas!

Tercer Movimiento

Los abrazos que desnudan para que el deseo
        pernocte
antes y después de lo claro y lo oscuro,
amaneciendo entre la Rosa, años y años anotando
        mensajes
en el libro de las Revelaciones, en la memoria
donde todo lo nuestro reluce
como un relámpago sobre selvas y mesetas,
donde Sus palabras mantienen el poder de
        convencer
a dos que se aman en estado de gracia.

¡Este hombre que suelo ser yo, puede ver
la silueta de su dama en el río que pasará mañana!

SOL DE VERANO

Yo desaprovecho el sol, pero mi amada
disfruta y eso basta para que me apreste a zigzaguear
otro verano incandescente.
Oh temperatura que inflamas para desprender
      inviernos,
¡regálame al menos una brisa junto al río,
un tierno aliento que reanime mi cuerpo acalorado!

En el estío todo mi yo se colapsa hasta en las
      sombras,
mi intimidad da pasos inciertos, gatea, huye del sol,
pero es el tiempo feliz de mi amada
y eso basta para que cuente las horas que faltan
hasta la noche de un otro idilio, punto feliz
para el festejo que Dios ordena sin postergar deseos
ni al interior de nuestros sueños.

Cae el verano sobre esta meseta, ofrece
hermosas señales que entusiasman a las gentes,
      fiestas
vis a vis, celebraciones que recomienzan
por todo un horizonte que poco duerme en este
      tiempo.
Oh nubes que fluyen a intervalos, ¡edificadme
al menos un techo donde guarecerme

de los invictos relumbres de este sol que mucho
se señorea sobre la piel de mi amada y eso basta!

Con la noche de San Juan principian días abiertos
a nieblas tempranas y a un sol amante
de acariciarlo todo: se descuelga para dar
más que tibieza de súbito en la cara y a la densidad
del aire que nos deja sin camisa.
Se cortan los trigos y tras ello florece
la convivencia, el júbilo, el agasajo…

¡El sol me derrumba, pero disfruta mi amada,
y eso basta!

SI LO HICIMOS

Si lo hicimos con el pulso abierto, sin reposo, fue
porque se impuso la vuelta al principio, a la tierra
    mortal
sabedor de lo que no es sueño ni patraña, y sí calor
    supletorio
librando brasas de heredad, primicias distribuyendo
sus encantos, sus danzas alrededor de la vara.
    Oh pulpa viva
núcleo del hondo vuelo, verbena de lo súbito
saladamente húmedo que inflama
gajo a gajo.
No es presagio de rígidos estambres. Si
lo hicimos fue para acabar con la última soledad.
    Oíd
el roce de epidermis, las cataratas, las sinfonías
    jubilosas
del numen carnal semiclandestino. Todo vuelve a su
    sitio
en la hora hermosa, cuando un aroma de orquídeas
pasa por el aire de arriba, venteando el embiste, el
    canto
dulcificado de nuestro largo pensamiento, de nuestro
repetir palabras sagradas sobre flores acostadas.
Fue por la vida. Si lo hicimos fue por la entrega sin
    réquiem,

sin máscaras en ningún instante, expuestos
de luz a luz a las lenguas de la noche, ignorando a la
>   suerte,
ajenos a las endechas, a las gárgolas, a los perros
perdidos, a sus fétidas deyecciones que nada tienen
que ofrecernos. No hay sino un descender al fondo,
>   un calibrar
inenarrable fuera de la colección de los días
satisfechos, sin perdurables culpas, sin anécdotas.
No en horas de eclipse. No naciendo de tumultos.
>   Si
lo hicimos fue porque estábamos en territorio de
>   pájaros
con la piel desnuda, postergando absurdas
ganancias, las caricias encendiendo su fragua, el
>   vuelco
de las estrellas, la construcción de los sonidos que
nos separan de las nubes. Ah, Dios fue testigo del
>   goce
mojando nuestras bocas al crepúsculo, al amanecer
detenido un instante mientras bailaban las
>   estaciones.
Ved la señal en nuestros cuerpos. Si lo hicimos
fue para quitarnos las oxidadas corazas, la apoteosis
>   de la hipocresía.
Vorágine tras vorágine lo hicimos como dádiva
estival, sin reprobarnos nada, beodos ahincados

en el deseo incancelable, repatriando las manos, los
    cabellos.
Ni arsenal de adioses ni cuerdas inquisidoras
sobre lo que hicimos.

LA SILUETA DEL AMOR

Y vuelvo siempre a la silueta del amor,
al lugar que suma lo pasado y lo futuro
en los contornos sonrosados tras el beso
revelando la potestad de las apetencias,
el deseante aroma con latidos convexos
sobre la epidermis del pezón vigilante
o en las profundidades que el amanecer
susurra hasta que acontece la liquidez
consecuente luego de la flecha detenida
no para la muerte sino para resurrección.

Archivo de emanaciones en las neuronas,
mas también presencia con tacto partícipe
en pos de recompensa que es relámpago
de imposible acopio, aunque tense el arco
en el equilibrio de las pulsaciones mías,
en los lapsos del fuego o en el lindero
donde se debaten los perentorios rituales
que van más allá del ombligo tembloroso,
golosinas e himnos al gusto del cuerpo,
avidez del escrutinio que nunca finaliza.

Y vuelvo a encadenarme a una cintura
que no deseca mi enfiebrada singladura
hacia la savia del rosal puesto en ángulo

para el vuelo o para sublime exaltación
en los pliegues del destino y de la alcoba:
instantes donde renombro su nombre
y firmo el testamento por si algo sucede
mientras me cobija vivo entre su asfixia
que es la contraseña para arder en vena
bajo el amparo de la silueta del amor.

PRIVILEGIOS DEL CONFUSO

A veces confundo el mar con el amor
y braceo la noche entera
hasta agotar el agua de tu cuerpo.

A veces confundo el amor con las estrellas
y toda la enmelada noche me embarco
en singladuras increíbles por tu cosmos.

A veces confundo las estrellas con tus labios
y esa noche deliciosa, bajo las primeras
lavas, muerdo tu abierta boca para siempre.

A veces confundo los labios con tu cintura
y a ella me agarro con felicidad tremenda
hasta que resplandezca la noche complaciente.

A veces confundo la cintura con tus sentidos
que velan mis armas en apogeo, y saco
brillo a la envolvente noche de los cuerpos.

A veces confundo los sentidos que completan
con el eco de tu voz que se enmadeja
en la aurora boreal de mis ofrendas.

Tengo el privilegio de gozar de tu íntimo arrullo
para mi confusión tan deslumbrante.

Así estoy entre tu carne;
así estoy entre tu espíritu.

Cuando el divino deseo

La calma reluce otra vez
y vence a la desazón de una creación intransferible.

¡El corazón no está hecho para tan anchas penas!

Vuelve el júbilo en volandas
al ver el cuerpo dormido de la amada soñadora
y, en la habitación contigua, la plenitud del unigénito
de cuya voz siempre fui testigo.

¡El corazón se me desborda ante tales certezas!

Para el amor: Cristo llegando
desde sus fronteras, arrastrado por mi sangre
       después
del reposo de este desvelo nupcial,
mar y vuelo y arcilla a cuestas con la Cruz
entrando al alba.

¡Placidez o mansedumbre, y un beso al costado
       de la herida!
Desvelo de miel brillando
mientras cabecea la eternidad unos instantes,
mientras todo recomienza por obra y gracia del vino
       de Su sangre.

¡Gozosos mortales somos cuando el divino deseo!

CÁNTICO DE LOS CUERPOS

Oh entusiasmo que retienes en las manos
la descubierta pasión de la Amada,
¡ciñe a fondo la reverberación
de la sangre y los ayes dichosos!

Oh memoria que repercutes lo gozado
bajo densas cabelleras desatadas,
¡despierta las órbitas que sestean
cuando el Amado se aleja de los labios!

La Amada retoza ataviada de anhelos
en la cima de las aromas olfateables.
Y nace el cántico o la formidable
pleamar donde se retienen Amado
con Amada hasta sentir pálpito nuevo
u otra fornida palpitación de sus deseos.

Oh verdad de todos los crecimientos,
hacia tu amparo van Amado con Amada:
¡déjales asirse a las viejas piedras del amor
que sacia y complace con sabios homenajes!

Oh vaivén de los cuerpos deslumbrados
por llamas guiadoras prolijas en trances,
¡entrega paraísos a la Amada y cometas
al Amado cuyo júbilo no tiene límites!

El Amado alisa el talle de la felicidad
sobre la piel en penumbras, en albores
de fiesta que propician íntimos desórdenes
para abrasarse dentro y fuera. Tremendo
poder el del amor conyugal en comunión,
entregándose a una boda para siempre.

Oh valientes brazos que se alzan al arribo
de la Amada bien provista de ungüentos,
¡tengan impulso suficiente para afincarse
en las ramadas de tan acogedora hechura!

Oh corazones engalanados para el ágil recital
que hace clarear la noche con suaves ritmos,
¡sirvan más vino que despierte presentires
y riegue el mimado refugio de las entrañas!

La Amada se encoge en la pulpa de la vida
por fiel mandato de las savias mezcladas,
del fondo relevante del amor, de las delicias
invisibles, de los cánticos de un Amado
que no cambia de rumbo y bebe de su risa
y forja los días con su fosforescente ternura.

Oh amor que nació contigo, dice el Amado.
Oh amor por Dios bendecido, dice la Amada.

De **LOS ÉXODOS, LOS EXILIOS**

Fondo Editorial de la Universidad
de San Martín de Porres, Lima (2015)

EL VIAJE

Sé que en este viaje llevas el corazón hecho pedazos
y sé que vas diciendo
que ningún obstáculo te impedirá llegar a tu destino.

Un rayo ardiendo en la noche
para sacar brillo al faro de tu necesidad. Yo sé
que ahora dudas del inmenso ojo de la vida,
¡así, con tu puño lleno de hojas secas!, ¡así, con una
      rama
haciéndose ceniza!, ¡así, blasfemando hasta que
se te calienta el cráneo!

El pecho jadeante de la espera, lejos de varitas
      mágicas,
cerca del sudor fronterizo con signos de impiedad.
Gritas: "¡Abridme, aunque no tengáis
simpatías por mi llanto!".

Sé que estás saliendo con una linterna sin bombilla
y sé que no te laceran las amonestaciones,
los vehementes reparos, el polvo que acumulas en tu
      rostro. ¡Cuánto
padecer por lejanías! ¡Y qué del desgarro
por ir tras endebles o apetecibles trofeos!

Como un hombre enceguecido
esperas múltiples crucifixiones: allí, allí, allí…
Y gritas: "¡Dejadme un abrevadero donde mis labios
    sacien su sed!".

Sé que en este viaje llevas el corazón hecho pedazos.

I

        ¡Cuidado!, ¡no te confundas!
        Tener una casa no significa tener una
patria.

Una casa, y luego nada,
o la ruda necesidad de partir pegado a tu sombra,
trocado en ruinas todo cuanto tenías,
errante por suelos sin color, por campos resecos
redoblándote la agonía.

Tormenta y más tormenta en el otro existir
al que eres lanzado, cerca
de ningún lado de lo tuyo, roto el cordón umbilical
por un inesperado amanecer:
exhausto,
desfalleciente cuando tus pies pasan puentes
y luego no hay reclinatorios
donde sollozar a cuentagotas o soltar vagidos de
      niño
u hombre enternecido.

No preguntes qué es la patria, porque sagradas
son la respuestas y pocos saben lo suficiente
de ése tembloroso suelo que muchos tamborilean
de fiesta en fiesta.

        Tocarán a tu puerta, y será la señal
        y no habrá ocasión para elegir.

Una casa, y luego nada, aunque invoques dos veces
con labios limpios
y alces tu lámpara con mansedumbre.

        Irás a patria ajena
        y callarás,
        y aprenderás
        como huérfano sin heredad.

II

Alguien radiografía el hospital de tu corazón.

  El dolor te hace añicos
aunque por las calles todo sea jolgorio, aunque la
  llave
solar de tu memoria filtre el milagro de un amor
que ayuda a sobrellevar los contratiempos.

  Aprovechando que nadie responde a tu
  esperanza,
dices: "¡Oh desentendimiento del mundo!".
Así, hasta callar del todo, mientras tu corazón
  bombea
contraseñas para que el volcán no erupcione
  todavía.

  Migraste con las mensualidades agujereadas.
  Migraste olvidando fantasmas.
  Migraste a América en un barco lentísimo.
  Migraste a Europa por la reciprocidad intacta.
  Migraste sin contar los años.
  Migraste porque el cántaro no tenía agua.
  Migraste hasta sudar el perfume de tus
    sueños.

Migraste para pisar la nieve.
Migraste adonde pudiste.

    Migraste sin otra alternativa,
rápido en la polvareda, entumecido en la pupila del mar,
desesperado en los puestos de frontera.

Eres tejedor
de horizontes que muchas veces se deshinchan
después de nada,
después de nunca poseer pulseras de oro
que conmemorasen tus anhelos, parecidas al bumerang
demostrador que mereció la pena.

    ¡Encalma los empeños de tus largos días!

III

La bocina nocturna
es preludio de prolongados silenciamientos. "¡Soplad
hacia otro lado la pestilencia de vuestras almas!
¡Lavad el corazón en público, saliendo por las
      puertas
de la Ciudad, partiendo hacia ultramar
o a la encrucijada del desierto!".

      Quien habla no es la viuda ni el huérfano;
          tampoco
el forastero que fue buscando pan de pasas
tras los muros. Es la voz del capitán de la guardia,
desatando su furia en los suburbios, amplificando
sus blasfemias mientras cuida que nadie ensucie
la pared de las mansiones…

Grita el capitán:

      "¡Que os nieve y os caigan piedras negras!
      ¡Que tengáis fiebre por el camino
          interminable!
      ¡Que vuestra impertinencia os conduzca al
          cementerio
de los huesos blanqueados!".

      Tambores rotos para acompañar el repliegue
del viejo hogar, la andadura que desportilla lo
      presente,
pisando zarzas por extensos parajes,
avanzando entre murmullos.

Así contestan los expulsados:

    "¡Somos gente sin culpas!
    ¡Somos cosechadores de trigo salvaje!
    ¡Somos muchedumbre semejante a la soledad!
    ¡Ah, qué bueno es el maná
    que sacia nuestra hambre extranjera!".

IV

Exilios terribles alojan lo amargo, traspasan
la cruz blanca del grito, de la cordura, del puro linaje
mestizo en una cautividad que se vuelve pródiga
de repente.

    ¿Diluviaba entonces sobre los errantes?
    ¿Qué conjuras embriagaban sus corazones?
    ¿Extendían su poder con inquietantes
        mentiras?

    No es suficiente
hacer las cuentas de la comitiva que avanza
sin techo,
siguiendo nubes errantes por todo punto cardinal.

    Nadie les abre las verjas de la ciudad del
        esplendor:
vuelta a decir adiós a los embusteros,
vuelta a sentir arena en la garganta,
vuelta a estar bajo el sol de la impaciencia,
vuelta a peregrinar escuchando la ofensa de los
        dueños
de la espada.

    ¡Tres mujeres sobre la duna!

¡Tres hombres detrás las palmeras!
¡Tres niños dentro del pozo!

¿Qué misterio se mostrará cuando rompamos
las máscaras?

Y bajo lumbre de lámparas...
    ¡Alegría de generaciones cuya sangre estuvo
        aquí
    y allá, comiendo dátiles con miel mientras
    el simún resonaba como un vagido!
    ¡Alegría en los ojos de quienes cuyo corazón
        guarda
    el contenido de nuevos Estatutos!
    ¡Alegría en medio de penalidades, pues los
        errantes
    saben cuán grande es su heredad!

Pero quema la tierra
    aún en la noche espesa. Quema el aire
    por todas las estancias.

V

¡Oriéntese la brújula
      y destápese su arcón de imágenes!
      ¿Dónde quedará el lugar para otra existencia?

    Vidas y siglos han pasado.
Internamientos y expulsiones vendrán.
Pero alguien visita a gente suya que vive en otra
      patria
y comprende hasta la última lágrima.
Comprende que el basto alboroto es pirotecnia
y que este puente de oro se puede caer, y que cuando
por aquí se palidezca, allí mirarán de costado.

Por eso la intención profunda y las manos en
      cuenco.
Por eso el mensaje resplandeciente.

    ¡Dóblense los arpones!
    ¡Acondiciónense propiedades deshabitadas!
    ¡Acábense disputas tribales!

    Migrar no hacia el eclipse
sino donde las abejas alzan novedosos panales:
una distancia
y otra, y otra más hasta llegar en medio del pueblo

o la ciudad, lagrimeando de verdad
porque así es el juego de la vida, salir caminando
bajo soles de magnesio,
bracear hasta que llegue el crepúsculo,
desarraigarse por el pan creyéndose
golondrina.

    Se recuerda cuando se aterriza.
    Se recuerda cuando se cruzan las aduanas.
    Se recuerda.
    Se…

    ¡No fajarse con los exhaustos!

VI

Enflaqueció la bonanza. ¿Te quedas o regresas?
    ¿Qué noticias tienes de tu aldea?
    ¿Qué contrapunto darás a esta flama indecisa?

En tu mirada silba el fuego y lo atractivo de otro
    mapa,
de otro rumbo apenas mensurable.
En tu mirada se engullen puertos y aeropuertos.
En tu mirada prosigue su marcha el diario ensamble
a la tierra que te has ganado.
En tu mirada coinciden dudas a degüello.

    La ciudad almacena mil cuchillos
pero también benevolencias removiendo corazones,
damas y caballeros que por ti caen de rodillas…

    Se abrevan lontananzas borrascosas.
    Se atisban guardias encubiertos.
    Se redoblan los himnos irrenunciables.
    Se desvelan las lanzas invertidas.

    Esperas otra ocasión,
a que se transfigure la mañana si vislumbras cercana
la gracia, corpulenta para hacerte hermano
luego del bautizo, poniendo la cabeza dentro del río,

empuñando una paloma ahíta de realidad.

A su tiempo, hoy tienes confianza
      en la pura combustión
      del espíritu, en la carne que no aguarda el
          instante
      de tu partida. Migrante: tú no serás víctima
      de rayos o espasmos que tallan epitafios;
      a ti no alcanzarán cámaras boreales
      donde podrías desaparecer…

      ¡Bórrense las letras de leyes impías!

VII

      Caminos. Desvelos.

      Oh vida del extranjero que se acuesta solo.
Marcha
de una patria que no es suya a otra tierra ajena.
Visceral mueca de la memoria, migraciones
gritándole
sus miedos, orándole con la mano en el pecho;
oh desgraciado a quien tampoco ahora mismo nadie
      espera.

¡Enseña
tus riquezas acumuladas: esa tristeza de ser pobre;
ese gesto de prestar tu candil las noches sin luna;
esos brazos que leñan árboles para el frío de enero;
esos labios que no mienten!…

      Te vas. La situación lo exige.
      De nuevo intentas localizar tu
           Tierra prometida.

Quieres únicamente lo que puede ser tuyo,
pero eso está al otro lado y llueve
y la ventisca se esfuerza en frenar tu avance
y los truenos revientan sobre tu sombra,

y los rayos delatan tus pasos furtivos de necesidad
    extrema.

    Sólo conozco tu soledad, extranjero.

    Tu soledad y tu migrancia
viajando hasta mi corazón, asidos al sentido
de las cosas,
ovillándose en la noche, temblando
en el invierno que no se aquieta
ni un instante.

Extranjero, tú no eres historia sino reproche,
a pesar de tu debilidad…

    ¡Viéndote se engañan los autóctonos,
    creyéndose dueños de una casa
    que pronto bien puede ya no ser suya!

VIII

      ¿En qué percibes su extranjería?
Mejor adéntrate en las urgencias que hacen girar
su vida a la luz del día
o latiendo madrugadas sitiado por la espalda
del instinto.

Primero el momento del adiós tras la faena de sudor.

      Yo mismo temo el pasmo del barro inánime
o el sobresalto del otro
cuyo rostro ofrece muestras del fin de lo tolerable,
alfileres rezagados que ahora se instalan
en el centro del idioma, corroyéndose en la saliva
hasta adivinar a los intrusos.

      Me remito a la tutoría divina,
al pan sin levadura,
al Amor que sostiene nuestra jerarquía mortal,
al ardimiento de antiguas migraciones,
al boca a boca alimentándose de ternuras…

¿Primero el desprecio y después el réquiem?

      Tú mismo eres forastero
en la hipervisión de los que vegetan al lado;

más forastero aún
si no pones tu lengua grávida las mañanas
del domingo.

Pero el hombre lanza llamadas de auxilio,
      urgido por doquier,
         queriendo hablar para que le entiendan,
         para que no se consume la impaciencia.

Y grita a voz en cuello:

      "¿Adónde iré a gestarme otra patria?".

IX

Más que ciegos están; sordos. Vastísima sequedad
de la misericordia.

     El mundo te torna extranjero adonde vayas,
te extirpa de su ombligo,
te refresca sus episodios extraviados
y hasta la raíz
enmudece tu cuerpo ovillándote en su furia.

     En el fondo rueda un llanto desconocido
tallando tu identidad futura
de huérfano joven al que la muerte no quema
porque vives en la escritura de la luz
y llevas cayado
de videncia extrema y soplas y te evades de lenguas
bífidas que buscan depredar
la morada levantada en tu morada de nómada.

Así es como se mide la temperatura
       de la soledad entera. Así es como se huye del
          reino
       de bolsas y quimeras. Así
       es como el acoso presente deriva de alguna
          página
arrancada al viejísimo decreto.

    Así es como se desandan todos los recuerdos.

Te desencorvas
y recuentas tu antigüedad errante
bajo el conocido remolino de los años gastados.

    Más que ciegos están; sordos...

X

¡Atravesar las aguas viendo las alturas del cielo!

Llegada la noche,
las manos en las extremidades y los ojos
vislumbrando tierras humeantes,
mares de espumoso oleaje ordeñado
en blancas barreras de coral.

A esa hora de la madrugada,
tuya será la embriaguez del Descubrimiento,
el grito que se alza como una oración
queriendo conquistar Tierra
con deseos de subir a la ola más alta
para deprisa ser quien primero clave la bandera
sobre un Mundo Nuevo.

Viajero,
¡ya te baste esa calidez que rescata!

Y amor tendrás a la Tierra
que de repente prolonga tu ilusión donándote
un clima de orquídeas
bajo mañanas limpias alegrando el corazón,
pulsándote los labios mientras
masticas frutos

y bebes néctares de sabor inolvidable.

Dices:
"¡Dadme las posesiones que estén más lejos!
¡Dadme el agua última del vergel!".

Todo está vivo en la geografía
donde llueve tu felicidad muy al fondo,
donde vienes a un Mundo
que tanto ofrece a quien descubre y coloniza,
a quien siembra su surco
mientras la luna arriba es lengua
y abajo miel
saciando tus hambres.

No hay retorno a los lugares fríos.
Hundes la carabela en medio de la bahía
y te arrastras por toda la extensión
de tan olorosa Tierra, siempre abierta
a tus solicitaciones.

¡Seis días te bastan para amoldarte a esa Tierra!
¡Seis días para echar raíces en la enselvada
patria de elección!

Y lo que no fue tuyo ahora lo es
con impaciencia, derramándose día y noche
por sendas que tu memoria graba.

Promesas cumplidas aminorando tu destierro
al cambio de mareas
que amplifican la acogida,
cual trofeo de guerra quitándote larga edad
de mohosos castillos.
¡Oh morada de las verdes delicias!

Tus adversarios quisieran que fuera sueño
esta aventura que por islas y colinas
canta sin angustias, de repente apareciendo
arriba y abajo, dejando constancia,
sorbiendo la sabrosa sal…

Tierra en las manos, suelo acariciado
porque se te antoja hasta que se descuelgue la luna
por el abismo más hermoso, por los pajonales,
por el maíz lechoso.

Por esa costa eres el primer hombre de otra parte.
Más adentro están los pájaros de la serenata
que van a venir cantando de rama
en rama, como aleteantes mariposas esperando
a que les llueva tu voz
para endulceserte en lo hondo de la noche.

¡Un ángel del Paraíso tiembla a tu costado!

No hay duplicados
de una Tierra que parece imposible y que limpia
tus antiguas lágrimas
ciñéndote muy fuerte para que huya el tiempo
en el ovario de su flor insólita.

Expatriado en los 30° de tu sentir y tu simiente.
Expatriado en un ritual físico y metafísico.
Expatriado como un Ponce de León en la Florida.
Expatriado bajo intensos amaneceres.
Expatriado en la fertilidad del tic amoroso.
Expatriado a gusto para poner el dedo en la llaga…

     Así quedas,
varado entre los helechos, descansando en tu hamaca
aunque se alcen desnudos huracanes
invitándote a repetir el éxodo.

¡Cuántos años dejando tu huella íntima!

***

    Seres por nacer buscarán sombra en
        las palmeras
    hasta que otra vez los adioses vuelvan

a tu regazo. Se irán, pero nadie te moverá
del malecón cuyas fragancias un día
      descubrieras.

Cuando entonces esa Tierra repetirá tu
      nombre
      como para prolongarte el existir
      en la brisa del crepúsculo.

      ¡Mundo Nuevo para siempre!

¡Alegría!

XI

El desesperado sale sin tarjeta de visita,
apalabrando con amigos
cierta protección ante las ferocidades.

    Muchos se fueron así,
        obligados a creer en el milagro.

¡Cuánto dolor si exhumamos cicatrices!

    Saber, saber de lo que llora detrás
de la última verja, solo con su vida entre los dientes,
solo con el viento triste,
sin confundir el hambre con el otro morir,
preguntando sin saber qué decir,
diciéndose si volvería a repetir tal locura.

Canta allá abajo: "¡Dadme el tiempo ido
                frente a las orquídeas!"

Canta allá arriba: "¡Dadme el tiempo ido
                frente a los fiordos!"

Y ya no hay cómo apretarse a la tierra primera
ni cómo regresar a fondo
deslizándose por la pupila-tobogán
que a medias dinamita vetustos calendarios.

Pero tiene lo que no tenía: algo de sustento
y el cometa de oro del amor.

¡No tricéis la convicción del que se aventura!

XII

Dicen los errantes:

"¿Qué nativos nos hospedarán viéndonos en
andrajos
y sabiéndonos carne de exilio?

    Vivíamos lejos de estos hombres, tratábamos
            de huir
de sus tentaciones, de sus pisadas apresuradas...

    ... Nos sentábamos en grandes mesas...

    ¡Ay, vamos por antiquísimas tierras, en
           diáspora rodando
genuflexiones, pero el horizonte sigue desierto,
sin puertas que nos restituyan al centro de la
        humanidad!

Memoria de abandonos somos, memoria de
        reencuentros
somos: ahora estamos en confines sospechosos
donde los perros ladran a la gran lechuza
y a los jóvenes lamedores de cenizas.

    Henos aquí,
en algún sitio del mundo,

sintiendo que ya perdimos nuestra propia tierra,
pero no las instrucciones, pero no al mendigo que
      viene atrás,
incansable en su oficio de lavar nuestros pies.

      Así se dilatan los siglos,
aunque nos denieguen la petición de asilo.
Así saltan los huesos de las urnas y la carne húmeda
      del bautismo:
convalecemos por desangres, por cadenas oxidadas,
por naufragios en plena llanura.

      Crece la extorsión.
      Crece el despojo de quienes ya poco
           teníamos.
      Crece la incredulidad a manos llenas.
      Crece otra frontera que no derrite nuestras
           esperanzas".

XIII

En un rincón cualquiera solloza el extranjero
        con vida entrecortada:
            a golpes le mudaron de domicilio.

Coloquen cada lágrima en su lugar,
porque el mundo
está un desorden y arroja margaritas a los cerdos
mientras naufragan los desesperados.

        (Guerras allí, hambres más allá).

Derrota tras derrota, el extranjero
no renuncia ni un instante
y suplica auxilio para reescribir la historia
del lobo,
del hombre que sorteó diluvios
con tal de esculpir su figura en la ceniza.

        (Leyes por aquí, persecuciones por allá).

Pero sigue oyendo un eco de dos mil doscientos
años:
            Lupus est homo homini, non homo,
            quom qualis sit non novit. Lupus est...

Pedregales de las cumbres, arenales enfurecidos
       yéndose por el viento
hasta la pampa helada. El extranjero
dice:
"Aquí la muerte palpita y se estremece
por vuestros aletazos de locura".

Su lengua desata extraños cantos, despidiéndose:

       "¡Mi extranjería sueña con tulipanes!"

XIV

      Habrán murallas más altas
cuando en tus huesos el otoño hunda su trofeo
de melancolía
y las patrias ya no te observen cristalinas y los júbilos
estén arrugados sobre la mesa donde no escasea
el pan del desayuno.

Ahora todo está palideciendo,
          todo regresa resinoso en la niebla que
            te envuelve,
          todo parece empollar máscaras que
            adivinan
          la suerte si les muestras la mano de
            pedir.

          Eres como luz despedida lejos de las
            patrias,
como sueño interrumpido
por serenata de demasiadas penas.

Otro año mudo cubriendo lo que ocurrirá en tu
    frente.
Otro año lila brotando en el páramo de los fósiles.

            Deseos de destiempo

-bebiendo leche de los árboles-
bajo las alas de la infancia.

Aunque no sé si ellos están temblando
entero como tú,
¿acaso observan alegres
cómo se levantan más murallas?

XV

    En la puerta de tu casa esperas
a los que traen sus siete razas sin voltear la mirada:
la sal les resulta un sol negro
que hiere más la llaga de su Odisea.

    Traen sus tristezas envueltas en ropas de
        urgencia.

    Los acoges mientras sucede lo hermoso del
        abrazo
que no empobrece. Los abrazas
porque el éxodo no tiene fin y el próximo viaje
puede ser el tuyo o el nuestro.
Y usas otra vez las manos, no para que surjan
        contiendas

    Es real esta visita desde latitudes huracanadas.

En tu casa, de madrugada, resucitas ternuras
para responder al clamor de voces
que a ti llegan diciendo: "Debimos salir, renunciar
al lugar que siempre fue nuestro.
Partían barcos o aviones y la vida se nos apagaba.
Habían fronteras, pero viajamos en desorden, hartos
de la rutina del hambre".

    En tu casa guardas rastros de la emigración
de tus ancestros. Guardas cartas desconsoladas de padres
a hijos. Guardas el hecho humilde de
pasadas travesías.

No eres un ángel
       pero sabes que estos vientres guardan razón
       y que sus pieles necesitan mantas,
       y que sus cuerpos necesitan alimentos.

Les dices: "Aquí estoy, amigos, aguardándoles".
Y solicitando perdón en todo momento, les invitas a
       entrar
y a que no cesen de morder el pan del desayuno,
porque ya saltaron la última cerca
y aquí das tu hospitalidad para que no se consuma
su esperanza .

       Así recibes a los exhaustos,
       como a la familia que se te quedó
       al otro lado del mar.

XVI

      Aquí estás con tu larga bandera.

¡Los aeropuertos, nada! El mar no envejece
      y los bosques renacen en tus venas. ¿No ves
      que te duran los ríos? ¿No ves que aquí
           resucita
tu nacimiento?

      Aquí estás porque quisiste conocer el origen
que completa tu costado. ¡Ciérrate
los ojos si tu corazón no acepta la averiguación
de tu heredad!

        Aquí vives tu empresa fértil,
despacio, con magnitud queriente, a ras del cielo
      de una ciudad extranjera, como un regalo
      resbalado hacia tus precariedades.

¡Quedarse con unas gotas de rocío en las manos!
      ¡Se oyen mil gritos y el tuyo!
      ¡Se sienten mil arañazos y el tuyo!
      ¿No ves cómo quieres aún en tierra distinta?

Te quedas porque no es de humo la espera
          y hay una cruz inmensa para tu débil fe.

Te quedas aunque el esplendor esté huyendo.
Te quedas aunque lancen palabras enconadas.

Aquí creció tu carne hecha palabra
y aquí te quedas
sin pasos ensombrecidos.

Aquí estás con tu larga bandera.

XVII

¡Clamor hondo el del cuerpo vivo sin agarradero!
    Pisando la tierra busca en la tierra.
    Después habla de hermandad, de compartir,
    de ser humildes…

    Las gentes del lugar, en mangas de camisa,
lo tildan de loco, como lejanos ya del de distinto
    acento
que quiere sumar sus pasos a los suyos.

¿Quién eres?, le dicen, espiando hasta su sombra.
¿Qué buscas por aquí?

A lo que él responde:

    "Algo que me abrigue.
    Algo que toque mi frente.
    Algo que no genere más escollos y lágrimas.
    Algo como un pan inesperado".

Cada pedido suena como un atropello a lo suyo
y por eso callan con indiferencia
y por eso ocultan sus invaluables abalorios.

    Entonces alguien dice: "¡Quien seas,

no sufras más!"

    Entonces el milagro,
    una sonora voz tensada contra la indiferencia.

XVIII

     La necesidad asoma
cuando unas linternas aclaran temblorosas presencias
o el día se eclipsa bajo un silencio de bocas resecas
y ojos insomnes,

ya sin prisas en esta nueva vida que no es muerte,
    sin algas de recónditos océanos,
       temblorosamente acurrucados en tranquilas
           playas
       pariendo ilusiones de sobrevivencia,
           inventándose
       una eternidad para siempre, mezclando su
           viejo sol
       con el señorío de los lugareños

       que a veces quieren
volverse ejes de ternura por la memoria de Aquel
que también fue extranjero en todas partes;
queriendo otras mano dura para ocultar los cuerpos
antes de partir, desahuciándolos con desmemoria,
casi sordos-casi ciegos cuidando la porcelana
y el regado césped del jardín.

     El corazón se ha vuelto duna

aunque a la intemperie el ser se maraville del
            cosmos,
      aunque recite parábolas sagradas

y barnice por fuera
      tantos desatinos, extraños soliloquios tejiendo
            velos
      sólo para su colección privada, sólo para el
      hermoso
      espejismo resultante de lo que se acumula.

      ¡Pero por estas tierras están pariendo mujeres
que llegaron de todas partes, extranjeras como Rut,
la abuela del que estuvo entre los excluidos,
con ellos hablando sin tirarles piedras
ni mezquinarles panes y peces!

¡Por estas tierras
      están naciendo niños que podrán ser como
Moisés,
      guiando salidas cuando el futuro apure nuevos
      éxodos!

El vértigo es profundo
      y tienta a cerrar herméticamente la puerta o
      soltar
      los perros para que ladren cualquier amenaza.

Pero no olviden ser justos con el que nada
        tiene;
no olviden vuestra propia condición de
        errantes
en vuestro propio suelo, en diáspora a otras
        provincias
y a otras lenguas; no olviden que en esta
        bonanza
hay quienes caminan como perdidos.

Son de sangre y hueso,
barro dentro de nosotros, exiliados del paraíso
en la pobreza que rodea bajo leyes sin honra,
alto precio para expulsiones y derrotas,
para barreras que dan arcadas.

¡Llegan pegando sus alientos al asfalto,
        en vigilia permanente para no ser vistos en la
                noche
        que encubre las penurias!

Llegan porque necesitan rebuscar en
contenedores
tal como cormoranes volando valle adentro
tras pescados de agua dulce o restos del humeante
vertedero. Llegan migrantes de aquí y allí, de cerca
y de lejos con desesperación idéntica por llenar
sus bolsas antes que aparezca el camión de la basura.

La noche hornea la esperanza de la gente puntual,
    pues al principio todo comenzó en tinieblas
    y luego se hicieron antorchas para alumbrar el camino.

Luego fue el rescate,
como ahora con estas delgadas voces
acurrucadas en el barracón de los llantos oscuros.

    También hoy existe escapatoria del laberinto
    de los espejos fríos, golpe postrero a la soberbia
    de la sinrazón que empuja al consumo enmohecido,
    a contiendas y embriagueces por la sed del oro.

Lleguemos nosotros más allá
de sus lágrimas, lleguemos con el espíritu en desnudez
de amor, abarcando inmensas latitudes
no por los astros perdidos, sino en lento descenso
hacia personas que jugaron las cartas de la vida
y la muerte porque nada guardaban sus días yermos.
Lleguemos a ellos, ya que están aquí como si fuesen
aves desconocidas cuyos chillidos
resquebrajaron muros pero no nuestra conciencia,

indesmayable en su voracidad infinita.

Ahora que el planeta se quema,
        incendiado por las chispas de la Bolsa,
            lleguemos
    con nuestras viandas para compartir
    con los últimos prójimos que llegan puntuales.

Hagamos que esta pulsión
        sea un estatuto que nos sobreviva.

XIX

Tus orígenes; los suyos...

    Ellos lamentándose en la diáspora...
Tristeza sobre tristeza por muchos días
con un ojo en el destino y otro en
    los guardianes,
huyendo de cosas vanas, entregando
    sus posesiones
para caminar ligeros por la tierra.

¿Todavía no habéis visto a los que salieron?
¿Acaso los retrazó una gran nevada?

    Sus orígenes; los tuyos... bifurcaciones
en la dispersión, palpando muros como ciegos,
sin defensor que les ampare,
resbalándonos en la desesperanza.

    ¿Es que ni espada ni látigo impide vuestra
    marcha?

    Primero es la necesidad; luego la ley y
    el consejo;
luego el examen de perfección entre los dedos
de lo eterno poniendo a prueba.

    ¡Dadme nuevas de los que salieron!

XX

Mudanza del encanto
        rompiendo la tregua tejida hebra a hebra
        por la amplitud del aliento
        de quien unificaba hasta los aplausos.

        ¿Será ésta la perdida preñez
o la llama de alcohol incendiando el destino de los
        pueblos?
¿Habrá mañanas de otros años que barnicen
heridas tan profundas?

Los violentos marchan a la velocidad del crimen
por fronteras donde el furor se exhibe a la
intemperie
y salta
sobre los cuellos con su horrenda pupila
que no envejece nunca.

La región de los hermosos almanaques
        deja paso a la siega del llanto,
        a la destrucción de todo el haz de abrazos,
        al destierro entre humos y alaridos,
        al trapo oscuro sobre el cabello de las viudas,
        al ladrido de perros contra niños de
                pies sangrantes.

    Creemos poseer la tierra
pero sólo caminamos hacia el abismo. Creemos
        dominar
nuestro furor y éste se despliega insaciable.
Todo resulta hostil y convulso y perentorio:
        el hombre
acorrala al hombre pues le ciega el lodo del
        patriotismo
estéril. Enteros se mastican los odios
en medio de avalanchas y guardianes fronterizos.
Sólida es la corteza
del sufrimiento de quienes soportan
tizones de un infierno que no era para ellos.

La crónica de tragedias muestra sus horas muertas,
        su incesante chaparrón de torpezas
        germinando más contiendas en cada bando,
        produciendo caínes para el empuje de
            lo oscuro
        y el cavado de fosas próximas al camino.

    Mientras,
se separan familias,
se bombardean hogares, se violan mujeres,
se aceleran orfandades…
Mientras,
        la multitud de desamparados

intenta escapar del acierto
o del error de salvadores y verdugos.

Un brillo de lágrimas demuestra el desconsuelo,
pues confirma que allí se empollan duelos
y el terror esculpe otra idílica noche de fantasmas.

XXI

      Esa vez fuiste un sencillo héroe de la
sobrevivencia,
levantando el arcón del mundo
con tus propios músculos bien tensados,
      pero foráneo
con lágrimas irreprimibles, verdaderas lágrimas
por no tener noticias de tu aldea
ni de los padres de tantos esfuerzos que aún
      resuenan.

      Algo se prepara
    y gira contigo por la rueda que conozco,
ordeñando un puñado de milagros
hasta que se conviertan en resurrección
la noche ardida.

      Oh sí,
es cierto que lo impredecible ha mellado
el amor que ablanda por un lado y humedece
con su regreso y su revancha cuando por fin
      los hombres
expresen lo que están sintiendo,
sin miedo a las llagas de los desahuciados,
hijos verdaderos como tú, esperando
el día más generoso.

Ningún interés blinde tu oído mientras sucedes
      cual pájaro sediento
      entre los hierbajos y los últimos tréboles.

      Como un solitario arreglas tu trineo
para pasar el túnel rápido de la frontera en debate
que pasarás no por pureza
y sí troquelado a un aletazo de necesidad.

Eres héroe
      y sin embargo huyes de la estatua demacrada
      que ferozmente te vuelve loco.

XXII

  ¿Éste es el contramparo de quienes hablan de
    libertades?
  ¿Nadie ayuda a nadie?

¿Llegó la hora en que nadie apueste por el otro,
la hora cuando las golondrinas vuelen hacia atrás?

Giras la mirada y las golondrinas ya no están,
  espantadas hasta el borde azul,
  porque todos los mares son lo mismo
  y es igual el amargo brebaje de la realidad,
  revuelo y más revuelo hasta pulverizar
  el desembarco sin dueño ni equilibrio
  al filo de los cero grados de este existir.

  ¡Grueso es el himen de la indiferencia!

  Pero a ti no te tientan propiedades o
    abalorios;
pero a ti pueden mostrarte la guillotina
que seguirás con tus glosas tiernas por quienes
llaman a la puerta de cualquier viejo paraíso.

Después será inútil
y nadie seguirá el sonido de la flauta preciosa

y lamentarán la locura o el silencio de sus bocas.

    Oyes invocaciones que llegan por el cielo
        filial;
    oyes que falta amor en la zozobra:

¡Oh frontera tapiada por corazones impredecibles!,
¡oh aduana con banderas negras!

    Tú tienes la voz
del tiempo atrás que sabes, porque no es ficción
adolescente: Amor o nada;
evidencia tras la lumbre o nada; llenar los segundos
o Nada…

Que otros repartan podridas golosinas
    pero tú darás abrazos que calienten,
    mientras cantas cerca de sus oídos:

    "Golondrinas de donde el bosque crece;
    golondrinas de playas llenas de flores".

XXIII

    De menos a más alumbra otro día
cayendo la última luna que se descansa allá echada
por el otro confín
que es tu legítima defensa no por capricho giratorio
sino porque funda un orbe
atornillando tu energía para que aquí
    el páramo no se hunda
    y suba su raíz por tu ramaje de peregrino
con absoluto conocimiento
de los caminos que no desaparecen por los oasis.

De linde a linde, sin apocamiento
ante saurios colosales, desfondo la espuma de
    las bocas
    que nunca a todos dicen "Bienvenido",
    aquí o allá bajo el velo de la negación
y sobre la salvaje fuerza de quien sólo aprecia vigas
en el ojo ajeno y se sale de cacería.

    Otros en cambio insisten en mostrar
    su cara de cadáver.

    Pero nada te pregunten de hostilidades,
de cuando quisiste comprobar el fiel de la balanza.

Eres un hombre que llegó sin cojear

    hasta el corazón de la palabra,
hasta la fecundable aldea, hasta las asombrosas
    galas...

    Bastó que alguien que no conocías
te dijera "Bienvenido", y ya tuviste lecho para
    dormir
sin los malos sueños del principio.

        Otro levantó su copa y brindó contigo.
        Otro te dejó comer de su olla hirviente.

Por eso repites siempre:

    "No olvidó, no olvido, no olvido..."

XXIV

Eres el regresante,
      el mortal que llega cruzando fronteras
      como los rayos el cielo.

      Varias migraciones te siguen con sus ojos
           invisibles
por si a tu paso renacieran semillas
en pueblos otrora abandonados.

      Tus ancestros sí tenían lugar,
      pero una sal
      y otra y otra sal
      fue secando sus anhelos…

Esa vez fue hace mucho. El éxodo estaba gestándose
para siempre.

Te siguen, te sostienen, te levantan sus dedos índices
      para que no te mortifique la nostalgia
      ni la ventisca borre sus promesas en estas
           jornadas,
      vida tras vida dragando la creación entera.

      Vuelves por el camino de al lado.
      Vuelves patria arriba
      hasta que alguien responda por ti

        y destruya las verjas,
        las estatuas.

    Eres el regresante sin propiedades ni ahorros,
desahuciado por el tiempo loco, susurrando
        parábolas
bajo vientos huracanados mientras perros bestiales
ladran cada tarde desapacible.

En la arena escribes tus plegarias
        y caminas para cruzar una tierra de centauros,
        sabedor que los siglos acumulan venganzas
        sobre tus huesos.

¿Cuándo fue que te olvidaste de la realidad
y cuándo de la revelación?

        Yéndote sin cerrar los ojos;
        yéndote con el cuerpo cansado;
        yéndote para volver en un mismo giro;
        yéndome sin el último amén;
        yéndote con igual sed que al principio…

Eres el regresante
y estás de viaje hasta que madure la tierra de todos.

XXV

Viniste de lejos para estar un tiempo
sin abstenerte de elogiar lo tuyo, el lugar donde
      brotaste
      al asombro de supremas realidades.

      Cuidas tus cicatrices
y el silencio más difícil pero balsámico,
aunque después la boca se te llene de cóndores
en pleno crepúsculo y salgas a la calle hablando
en lengua propia.

          A veces desarrugas el castellano
          y lo recalientas
          como espada delgadísima
          que busca su oxígeno
          en las sangres oferentes.

Entonces tus palabras te rodean un instante
para luego dar un duchazo al vecindario.

      Y al resonar de Dios
amas a los que felizmente te acogen sin cansancio;
y dices: "Buenos días, seres Bienaventurados",
con tu oración desatada muy adentro, porque eres
      libre
de amar y de no abrir la boca en vano; libre

y sin cronómetros en esta tierra que no es
      la prometida
(¡qué dolor estirándose en el tiempo!).

Pides que el día penúltimo carezca de solemnidades,
      como cuando se expulsa al que huye
          del turbión
   rodante de la miseria.

Luego querrás saber quién dijo algo agradable de ti,
quién se despidió de ti echando lágrimas.

      Pero mucho temes
      que la ternura esté por aquí
      como asfixiada.

ESLAMISMAVOZDESIEMP
REQUEINQUIETASEDI
SPARAMULTIPLICA
NDOSUDOLOR

¿Cuándo termina el viaje?

Recuerdas
los días antiguos
y tu vida
se llena de futuro.

Preguntas:
"¿cuándo termina
el viaje?, ¿cuándo
se debe volver
 al grueso suelo
de la patria?".

No hay respuesta, pero regresas.

Regresas al lugar de tu partida
para contar las rutas de un viaje
donde el destierro gastó tu rostro
mas no pudo prensarte el corazón.

Algún ojo amable te recuerda
y abre las puertas de su morada
para que reacomodes la nostalgia
mientras seca lágrimas tu sombra.

Y dices:

"El hombre es de su tierra primera".

Al oírte, alguien clama:
"¡Oh Mundo
que expulsas
 y atraes
a tus huéspedes
indefensos!".

Y yo digo, por todos:
"No exista desmemoria
 de los viajes
que fueron éxodos
y exilios".

¡Oh cruz y la misericordia del espíritu!
¡Oh errancias de impulsos vertiginosos!

En las tinieblas de toda frontera
se dilatan ansiedades, se cristalizan silencios.

Tú, que volviste, ya no callas.
Por eso adviertes:

"Podrá cantar
la muerte, pero al borde

de esta frontera
yo tendré encendida
una luz".

Demoler los muros para que el hombre eche a andar
o resignificar la palabra "Bienvenido".

Estos viajes son de ferviente prisa:
saben
donde instalarse
aunque su billete de vuelta no tenga garantías.

¿Sangrar con el llamado?
¿Reintegrarse al origen?

De verdad, ¿cuándo es que se termina el viaje?

"Cuando
no se alargan
los sueños,
pues".

De **Barro del paraíso**

Ars Poetica, Oviedo (2019)

SALMO DEL BIENAVENTURADO

La vida está llena de traiciones
y el cuerpo se quema bajo el carbón azul del
      raciocinio.
Pero ¿dónde se cobija la vida y dónde los huesos
      calcinados?
La única brújula es el amor enhebrado
al misterio de la amistad, a la comunión del
      sentimiento,
a las despiertas pupilas de un linaje que nos consagra
a buscar certezas en la inolvidable cruz del calvario.
Por ignotas regiones alguien leerá el papiro
donde quedó escrito el salmo de la noche más
      profética.
Por encandiladas memorias crecerá el alfabeto del
      legado,
dando latidos benignos al rencor de los conjurados
o nutriendo el corazón de quienes elevan oraciones
abrevadas del milenario funeral que rehace a los
      hombres.
El mensaje columpia su eternidad sobre el circo
de las fieras, sobre las plañideras en revuelo,
sobre la médula o el barro de la fértil resurrección:
somos finitud picoteando en el cosmos
hasta derramar nuestro alígero peso cerca de Dios;
somos parábolas aparecidas con músicas y lágrimas

en días ungidos para ser tránsito hacia nuevas
		liturgias.
Pero hay falsas monedas y lenguajes macerados
con vinos maléficos. Hay cómplices de iniquidades
o ángeles que nos suben al galeón de la alegría:
somos sed de tiempo y copla sideral de la desazón
que a media voz va rumoreando las intenciones
de la guadaña. Somos carne frágil en un abismo
		ciego
donde los evangelios ofrecen luz y esperanza.
El alma habita la pleamar de las entrañas y es tanta
		la vida
con fecundaciones sudorosas o traiciones
		somnolientas.
Pero aquí se demora el amor por el Cristo del alma,
aquí sigue derramándose su sangre germinal
y sus hechos que son llaves abriendo las puertas del
		reino.
Valga su gravitante ofrenda inalterable
y sírvanos también la suma de sus bienaventuranzas.

Ojo de silencio

Cada pedazo de mi carne es un calendario rapidísimo
para no caer en la hoguera
de quienes limpian los cuchillos rituales
mientras esconden rabos y pezuñas.
Soez resulta el bostezo de estas alimañas
junto el brillo de su impía codicia.
Debo estar en guardia para huir de costumbres
que propician la caída.
Debo estar vigilando el portal del Invocado,
preparando antorchas para ver
una parte de su inmenso ojo de silencio
que me encuentra a cada pisada.
Ningún rayo o viento antiguo quema mi carne
que silenciosamente clama al infinito, entre luces y
        tinieblas.
Esta fuerza se pierde otra vez en el principio,
en la oscuridad de lo que se fue más allá del olvido,
de lo que vuelve sin lentejuelas.
Este espíritu me ojea como un satélite preciso
que nunca se estrella en el vacío
ni en las piedras de sacrificio.
Largas noches de silencio convirtiéndose en
        ganancia
para explorar lo visible y lo invisible,
traspasado por mi propia mudez y la del Dios

donde naufraga mi carne sin piel,
buscando ser rescatada con atavíos inmortales.
Me iza por el cráneo un tornado seminal
y yo respondo con mi fiebre dispuesta a
        predicciones,
con el viaje varado de mi duermevela,
abrasado y existiendo
bajo una música pintada en el ombligo de la sombra.
Algo anota mi carne indefensa, el nombre del aliado
o verbos que hacen florecer esperanzas.
Alguna miel paladea mi carne mientras el plato va
        llenándose
en la balsa del cielo donde el ojo se prepara
para descargar agua en la boca de los sedientos.
Yo soy mi doble y devoto acallo bravuras
        verdaderas.
Él es mi yo y por eso es todo lo que miro.
Firmamos un pacto para bucear por nuestro silencio
y para no hablar en vano.
¿Quién me dirá por qué siguen trotando las
        imágenes?

Proclama del heraldo

Vívase memorando el ardor que envuelve al cielo,
sus arcos de sombra, lejos,
cerca de la Voz que empieza a pertenecer
arreando al rebaño perdido por campos de lápidas,
por secadales de lucha lenta donde braman
los vientos cual minotauros que se quedaron a solas.
Sépase que el Tiempo se ha escapado de su celda
y anda quemando o lloviendo días luminosos,
pudriendo frutas en cualquier rincón de la cocina,
hundido en los pastizales del hombre Altísimo,
mordiéndole su cayado en la argamasa celeste.
Ándese con cuidado por la arena larga de esta
        planicie
de colores violentos y seres de besos muertos
o memoria borrosa cavando pozos profundos
donde quieren enterrar el cuerpo del que Es.
Tómese el agua que no enferma hasta lo terrible,
el agua que la gente dice que llueve dentro,
cual lágrima Pescadora que se pone de este lado
para restar soledades latigueando a los demonios.
Quítese importancia a la emboscada del confuso,
al aliento hostil que alguien amasa anocheciendo,
coqueteando con las moscas de su propio pudridero.
Cántese por la tierra buena, por el nuevo retoño
que le salió a la vida para que responda a la muerte

y, también, por el Huésped que saluda y saluda.
Ultímese los preparativos para estar delante Suyo,
satisfechos por aprender de Todo con el alma
        yacente
aclarando secretos que serán inagotables
porque rasgan el vértigo de las cosas iluminadas.

CLAVOS QUE EL CUERPO NO PERDIÓ

Ningún mal, ninguna víctima asumo en el cuaderno
donde suelen anotarse los hechos de sordos y ciegos.
Pero se acumulan miserias en el corazón de
     las fieras,
haciendo difícil que por dentro nidifiquen amor.
Yo me hago rehén para ver a dónde van
     los ladrones.
Yo dono mis extremidades para que claven
     sus odios.
Yo siento el frío y el ardor de mi sangre sobre
     el arca.
Yo alumbro la noche para apreciar el fin del
     desvarío.
¿Es esta la soledad infinita que precipita las visiones?
Apuesto por la fiesta del alma, por la cruz radiante
y por el ave que se desliza como las plumas
     del ángel.
El cielo está llameando relámpagos salidos de Dios,
nubes que avanzan reflejando el futuro y lo pasado,
hierros que escriben en el aire la náusea del flagelo.
He aquí un hombre clavado en la frontera del cielo.
He aquí un hombre que forzará nuevos amaneceres
dejando caer de su boca un simple grano
     de mostaza.
He aquí un hombre sin nada, pletórico de riquezas.

He aquí un hombre que no habita en panteón
    alguno.
He aquí un hombre que no provoca estampidas
ni entumece la lengua desvergonzada de los ingratos
que invaden su camino cargando becerros de oro.
¿Acaso no conocen el abecedario de la resurrección?
¡No estén de luto por quien descree de la muerte!
Apuesto por poderosas realidades, por parábolas
que permiten callejear más allá de lo imposible.
Apuesto por esta reordenación de la ternura, aunque
estén forjando clavos para atravesarme el alma.

BARRO DEL PARAÍSO

La sangre no arrepentida busca feudos ajenos,
faros para desertar del cordón umbilical, pira de
      huesos
quemándose más allá del muro que quedará sellado
con un torrente de lacre la amarilla madrugada
de las invocaciones y glaciales despedidas.
¿Quieres saber de mi desnudez con sabor a entrega?
Tiembla por aquí la suprema fuerza de los ruegos.
Retumba a los lejos la metamorfosis de
      una tempestad
que desbautiza
para que la espalda cargue sacos con tierra de castigo
o siglos de piedra y lenguajes laberínticos de Babel.
Reúno el barro de mi nacimiento para no enloquecer
ni aderezar el jardín con sortilegios cuya combustión
me desteten bajo la atenta pupila de esta hora
      de justicia.
Fuera de los milagros uno siempre está a oscuras,
ocultando inmundas llagas, chocando con árboles
desgajados, gritando al tramposo espejo
      de los sueños.
Yo no juego a perder el camino cual hijo pródigo,
pero el soplo del deseo es huracán adherido al barro
que me tocó del paraíso, resucitando tras cada
      muerte

de mi carne sobre carne compañera, abrogando
 tiempos,
disponiendo que el sentir no se aparte del asombro.
¿Quién soy con esta sangre caliente que puede v
 encerme?
¿Quién me habla dentro de las durísimas leyes?
¿Quién será mi sombra si hay otra hirviente travesía?
¿Quién ganará la partida cuando el sol esté al revés?
Sigo con preguntas antiguas para este hoy menos
 vacío,
absuelto de tantos exilios por el Dios que me es
 bastante.
Pero ya no he vuelto a probar frutos que amargarían
 mi boca,
abriendo nuevo calvario en el pecho del Maestro
que conmigo va dondequiera que voy.

SANSÓN ENCEGUECIDO

Es otra vez lo mismo, la caída
ante curvatura esplendorosa que acecha por tierras
del destierro, pálpito sumo de los siglos sobre
    el hombre
desatado, abierto a falsas caricias engullendo
sus sentidos, parpadeándole detrás de ámbares
    de fábula.
Tras la borrasca queda un osario de amargas quejas
allanando el caos donde se enreda la angustia
y el sangriento color de horribles heridas
o manchas de cal que van carcomiéndolo todo.
Luego cansa ser un paria juzgado por su falta
    de juicio.
Cansa moverse alrededor de la vista apagada.
Cansa oír pisadas extrañas
que hierven la sangre del primer juramento.
Cansa esperar a que se regeneren los traidores.
Entonces vienen las plegarias: "¡Oh largo murmullo
del cielo, Dios que tantas cosas habías advertido!
¡Oh luz que abandonas por el revés del llanto,
haz que esta voz rogante se torne corpulenta
    marejada
y detenga la sonrisa de quienes no guardan paz
    contigo!".

Pero encima de las columnas el mundo no es de un
 solo día
ni Dios gira al tamaño de los gritos, derritiendo
calabozos del hombre que está en perpetuo
 desorden
y con sus pupilas dragadas por torvos deseos.
La calidad de prisionero sólo se transfigura si
 se cuelga
el ademán vacío de las propias avideces
y a la intemperie se espera que el milagro suceda.

ÁNGEL DE SOBREVIVENCIA

Alguien de uñas frías pretende arañar mi paz
y esconderla en un ventisquero de contiendas.
Pero yo no vendo mi corazón para otros vuelos
ni látigo alguno me hace decir sí cuando no quiero.
El prodigio está en la condensación de las señales
que logran mostrar al tierno ángel que me escolta,
vestido de león para repeler a los perseguidores.
Oh, ángel que has marcado mi puerta, ¡anúdame
a tu cáñamo, llévame más allá de las tormentas
y pon a hervir la zarza que sanará mis heridas!
Hubo una trompeta sonando en la firma del pacto
donde se nos preserva de derrotas que niegan la
      salida.
De cierto yo tengo una partícula del polvo de Adán
y de aquella caravana de errantes milagrosos.
Oh, guardián que ves mi historia en tu trozo de
      cielo,
¿por qué me atas a la vida si busco una viva muerte
metido en la caja torácica de las siete señales?
Me dejas sobrevivir para enlazar los mandamientos
y hacer realidad el tabernáculo de las apariciones.
Me conviertes en huésped mordedor del tiempo
que comprende su triunfo con grande escalofrío.
Me hablas desde tu esperanza de prolongado viaje
porque no escasean las palabras del condenado.

Oh, ángel aparecido el primer día de los siglos,
¡envuélveme en pañales bajo la mirada de testigos
y acelera la maravilla que sólo es para
        los fecundados!
¡Acerca tu oído, divina criatura, pues quiero hacerte
una sagrada pregunta antes que desaparezcas!

EL DEFENSOR

No en un meteoro volando lejos de mi vista
ni en ceremonias labradas con el cincel de los
      bostezos:
desde mi edad antigua tuve quien traspasara la noche
para donarme otro fragmento de vida
atestiguando del soplo incesante de la consolación
bajo los párpados,
dentro del cuerpo,
como agrandando los mapas del amor
con su lluvia de humildad y su perfil extranjero
convertido en espirituoso auxilio del restaurado
      corazón.
Desde el comienzo tuve certeza de quien lavaba mis
      pies
en una vasija llena de lágrimas, ecos y visiones,
guardián sin relevo de la magna revelación
inventariada por el horizonte impar de mis sentidos.
Cada ser golpeado tiene un bastón para su inocencia,
unas palabras de ámbar
para estar de espaldas contra el muro
y no ser saqueado
ni empujado a caprichos de otros brazos.
Cada cual debe despojarse de disfraces y atavíos
que impiden existir al rojo vivo.
En mi propio recinto tengo al centinela

haciendo resonar trompetas de alarma o celebración,
protegiéndome del puñal de tantas divisiones.
Y lo proyecto no en la fosforescencia sino en el
    perdón
que algunos prefieren no oír.
Y lo pongo en pie fuera de piedras frías y estatuas de
    sal.
Alguien se dignó defenderme de los peligros
    ardientes.
Alguien me traspasa de lado a lado hasta limpiar
el revés de mi alma.

Parábola de lo terrible

Recuerda cómo rebalsa lo que destroza,
cayendo grave por la cornisa que blinda tus oídos,
indecisos en el truculento reinado de la áspid
y de los oficiantes que dicen zurcir las venas rotas.
La felicidad no es una cicatriz ni se regala
        endiabladamente
a quien enseña su voz podrida
manteniendo en alto la mezquindad del otro
        infierno,
más acá del Mar Rojo profiriendo rugidos,
más allá del Mar Mediterráneo casi tan contaminado
como el hombre que eres o pareces venir del
        Mar Atlántico,
multiplicando invasiones para romper huesos
con actuales circunstancias que no convencen a
        nadie.
Pleno es el desasosiego de quien expolia la ternura.
Recuérdalo, porque en tus horas vacías
comenzarás con lamentos, destejiendo insomnios
en el rincón secreto del bumerang que golpee
por enésima vez tu cuello, duro como el corazón
donde escasean los latidos.
Y, asediado de navajas, inútiles serán tus esfuerzos
por amanecer recogiendo el rocío de las rosas
al final de cualquier primavera,

lugar de amor demorándose en el querer de toda
 edad.
Trastorna lo perverso, desmantela
el curso de tu historia personal con máscaras teñidas
por la inconsecuencia, igual ritmo emperezando
de engaños el firmamento minúsculo sin compasión
ni sombras del arenal inmenso de los despropósitos.
Todos tus días serán caliginosos
y enfurecidos sonarán como alas de langosta por los
 aires.

BÚSQUEDA DEL LUGAR

Búscale vuelo a tu vida, aléjala de los buitres del entierro
y ponla a despertar como si volviera a comenzar el mundo
con ese trote vitalicio que ronda por la fuente legendaria
como abriéndole compuertas a tu corazón.
Y que Dios cuide del tropiezo tus propios movimientos,
dándote pulso de claridad junto al amor reconocible,
tinaja al rojo vivo ganando la partida a la molienda final
de los que van a la deriva.
Búscale el revés a la voracidad que empreña los días actuales,
negocio inútil de dientes fríos viajando hacia la tormenta,
caldera sin ninguna migaja o precio del rescate o promesa
que despliegue sus telones.
Y que Dios se deslice por las nervaduras de tu escalofrío
para que no haya deserción ni inútiles batallas sin señal

o reverbero de la topografía del alma, soplo que
        sostiene
el mandamiento de la sobrevivencia.
Búscale tierra prometida a tus pies indefensos
        atravesando
el laberinto de los símbolos indescifrables,
        absueltos ya
de la mordedura del verdugo envuelto en abalorios
que ahora zozobra en torno tuyo.
Y que Dios avive las lámparas para que admires el
        fruto
sin que se te caiga de las manos y siga girando
adentro del silencio, dorado y azul cuando fue
        sembrado
llenando la copa de tu existencia.
Búscale un hilo de sol a tu vida, recoge el mellizo
        flamear
de la luz del arca y ya no te cubrirás con banderas
        negras
sobre el suelo de tu ciudad bendita.

De **EL SOL DE LOS CIEGOS**

Vaso Roto, Madrid (2021)

TALLER

Vi cosas
que no se ven
y me revestí
de lo justo,

amando en carne
y en espíritu,

cual señales
de lo que aconteció
en mí.

Y más que
repetir palabras

las lijé,
como un humilde
carpintero

en su taller.

LO MÁS OSCURO

Lo más oscuro
es el ojo blanco
del ciego

y la miseria
que se abre paso
entre la gente
que a diario pisa
las calles
tronándoles el
vientre.

Oscuro el corazón
si se muestra
cual granito

o el festejo
si el pan no llena
otras mesas.

Y oscuro
jugar a la vida
descolgados
de la rama

del Amor.

LA POESÍA ALCANZA

A Hugo Muleiro

Digamos
que habitamos una tierra ardiente
llamada Poesía,

que también es Voz
y es fruta viva
y es tallo
que a diario la gente descubre
creciendo ante sus ojos

o sonando cual amoroso violín
cuyas notas ruedan
por el mundo,

ya hechas Palabras
para ser sol en nuestras vidas.

Digamos
que en el principio era la Poesía
y que esta nos nutre
y nos alcanza,

así pasen dos lustros
o dos Milenios.

INVOCACIÓN

Hermano,
estés donde estés,
abre los puños
y que no vuelvan
las armas a tus manos,

que la lucha
no insista en acercar
distancias,

que solo las palabras
se levanten y convenzan.

Que convenzan tus palabras,
no los golpes ni las
balas,

y que en ti se agigante
la benevolencia.

TODO SUCEDE

Quise ser
pararrayo de ejemplos
y,

aquí estoy,
a la intemperie,

pues así filtro
lo sagrado
al andar por sombras
de tanto misterio.

Otra cosa
es arder tramo a tramo,

ir entre los hombres
sin cal
y sin azufre.

Es difícil, pero

todo sucede.

CREACIÓN

Ningún
susurro de mujer
acompañó
la deseante soledad
de mis días adolescentes.

Ninguna costilla salía
de mi barro.

Entonces cayó una hoja
de exquisita fragancia
y en mi pecho
se hizo carne amantísima,

vibrante llama,
vena de transfusión para
siempre.

Luego empezó
la fecundación del unigénito.

Te ensalivo,
mujer,

te amaso a mí.

MIRADA QUE RUEGA

a José Carralero

Un ojo despierta
y el otro quiere dormir,
magnetizados
por las mortales peripecias
que tan pronto pudren
la vida.

Anclada en su necesidad,
tal mirada ruega
sobre el polvo del
camino.

Y pone a prueba tu fe,
invitándote
a pasar hasta el fondo
de su pena.

Unos ojos de niña
saben que no es
casualidad

tanta pobreza.

RESISTENCIA

Día tras día
te persiguen los feroces
con sus gritos
y condenaciones.

No toleran
el perfil invicto
de tus bolsillos vacíos,
el temple
de tu mucha exigencia
y el no mentir
jamás.

¡Están perdidos
en su mal gobierno,
ansiosos por usar
las hachas!

Hoy mismo tu voz
tuerce sus hablas
que no tocan verdad.

La tuya es la historia
de los que resisten.

ALONDRA

Vino entonces
una alondra al campo
de trigo
y allí anidó,

para que —viéndola—
trueque yo
mis impaciencias.

Una porción
de sus cantos fue
melodía
del sosiego que brotó.

Quizás por verla
sin querer posarse
en lo alto,
ahora también yo voy

a ras de suelo.

LOS FARISEOS, SIEMPRE LOS FARISEOS
(a la luz de Mateo 23)

Chillidos, desmesuras
afilando sus lenguas, delirios
exigiendo pureza,
acosando…

Voraces, cual marabunta,
irían hasta contra el Amado
que nos regó
una nutriente gota
de alegría

y una grande dosis de esperanza.

Tras sus aspavientos,
no aceptan paz
los embravecidos.

No aceptan otro sonsonete
que el raquítico catecismo
con el que los acomodaron.

Los fariseos,
siempre los fariseos.

PERDÓN

Apártate
de la hoguera del rencor
porque luego tendrás
que alimentarla.

Y no olvides que
con el odio se edifica
el infierno
que salta de una memoria
a otra

apuntando con el índice
las calamidades
inventadas
por el malvado sanedrín.

El refugio ideal
es el perdón.

MIGRANCIA

No importa
que vengas o vayas:

siempre te seguirá
un trozo de suelo

o una mirada arisca
declarándote
extraño.

Serán días grises
que no podrás quitarte
de encima.

Y te declararás
deudor,
aunque a diario ganes

la partida.

HIJOS DE ADÁN

Implacables fronteras
para estos hijos negros
de Adán

(piden cobijo: no hay)

Los custodios desoyen
(cumplen, solamente)

Ellos arrancaron
sus raíces, allá lejos

(no tenían manzanas
que comer),

pero de nuevo son
expulsados

(esta vez sin culpas).

SOY, SERÉ...

No importa que mi carne
sea derrotada.

Soy, siempre seré
en el espíritu,
pues llegué mucho antes
de mí mismo,

en lejano tiempo,
cuando los árboles eran
infinitos.

Es cierto que luego
fracasé en todo,
menos en el lenguaje que
aprendí ayer.

Daño menor es perder
el cuerpo. Mi espíritu tiene,
tendrá, su particular
vivencia.

Soy y seré el que pase
por el ojo de la aguja
con las pupilas
siempre alucinadas.

EVA

Tú, a ti te hablo,
hembra del hombre,

varona que haces
temblar
a tu otra costilla.

Tú eres la fuerza
del mundo,
mujer
que aguardas
la noche
para preñar de luz
al hombre
que privatizaste
para tu amparo

y deleite.

NINGUNA BOMBA HABLA MI IDIOMA

Me estremece
la explosión de la locura
de unos y otros,
implacables
en su afán de conquista,
reconquista
o castigo.

Salvajes los unos,
salvajes los otros.

Llámense ataques o respuestas,
bombardeos a traición
o radiaciones
con largos colmillos.

Hablo de los desquiciados
de ambos lados,
de aquellos que expusieron
a los indefensos.

Reprobación eterna
se merecen,
unos y otros.

ADVERTENCIA PARA ENVIDIOSOS
(Virgilio guía a Dante por la segunda grada
del Purgatorio, mientras pergeña
una advertencia para los vivos)

¡No lancéis más piedras
porque os dolerán
las manos

y algún fragmento que
rebote os dejará ciegos
 para siempre!

No infaméis
simulando preocupación
fraterna:

¡Un hilo de espuma en la boca
demuestra vuestro acecho!

Llamas diminutas
sois, llamas menguantes
entre las tinieblas

de la envidia.

EN VIDA, LAS FLORES

a Aldo Gutiérrez

Bienaventurado
quien prodiga afectos
y ofrece flores,
y reconoce al otro
en vida,

celebrando éxitos ajenos
sin esperar al funeral
para parecer bueno
hasta apagar un instante
su lengua de fuego
o entonar llantos plañideros,
micrófono en mano.

En vida, las flores,
los encomios, los abrazos...

Así se decapitan envidias
o hipocresías
que no dejan avanzar.
Así la muerte
aún estará muy lejos.

Si esto haces, recibe
mis aplausos,
bienaventurado.

LADRIDOS

Traspasas
la tormentosa noche
usando atajos
para no topar con
perros furiosos.

De piedra en piedra
cierras los ojos,

por ellos,
para que ya no ladren
cuando te sepan
feliz,

abriendo -inocente-
un regalo
incorruptible.

Ése que sale en fuga
eres tú,
renuente a la discordia.
.

FAMA
(Fama Volat)

En su búsqueda
los hay astutos
y también ingenuos,

tan semejantes
en sus afanes
por el asedio de fans,

de flashes y elogios,
de pasarelas en la corte...

A tiempo supe
descreer de toda ganga.

Ah, pero si volvieran
Píndaro y Virgilio,

y anotaran mi nombre
entre sus versos...

Con el vino me hablo de tú

Con el vino
me hablo de tú, sílaba
a sílaba,

en confianza,
en fogosa soberanía
de los no volátiles
recuerdos.

Y digo, me digo,
con el vino,

he aquí
el fruto de la resurrección
bajo el cielo herido
de la pena.

Luego, con la vid,
con sus sarmientos, pacto
la cosecha por venir,

la nueva esencia
con la que me hablaré
de tú, sílaba
a sílaba,

en confianza.

Campo de refugiados

Y estos niños
¿qué combates perdieron
sin haberlos provocado?

Mujeres que solo esperan
para enterrar a sus
criaturas.

Pues yo miraba ancianos
entre el polvo
o el barro de esos laberintos,

hombres enfermos
que ya ni cuentan lo que
han vivido.

Otra vez la gente
agolpándose en el centro
de mi corazón,

otra vez la humanidad
sin entonar su
mea culpa.

VUELTA A CASA

Un perro olfateó
mi ropa de forastero
tras largo viaje.

No es visión pasada.

Ayer llegué
a la entrada del pueblo,
pero el perro
no me deja pasar,

aunque
le muestre ternura
o la foto del abuelo
que era de aquí.

Hundo las manos
en esta tierra
y luego me embosco
entre las ramas
del recuerdo.

LA ÚLTIMA CENA

A Luis Cabrera Hernández

Un hombre propaga
el cáncer del beso fósil
de la traición.

Mientras,
introduce su cuchillo
en el corazón de Aquél
que cumple la Palabra
al pie de la letra,

de Aquél que escancia
el vino del perdón junto al
símbolo de su carne.

Y entre tantos milenios
del mundo, su adiós
es por breve tiempo,

hasta la cena del Reino.

PARA DESPUÉS

Cuando ya no esté
ni emocionado pueda verlos
porque mi alma salió,

no lloren
por el ayer que fui
hacia arriba o hacia
abajo.

Dos partes hagan
de las cenizas.

Aviéntenlas luego
a los ríos que me surcaron
el corazón.

Y díganme adiós
con un salmo de aquel
que venció a Goliat.

Así abriré la ventana ciega
con mi alma recostada
en un olivo

de Getsemaní.

De **Cartografía
de las revelaciones**

Verbum, Madrid (2011)

NO JUEGO A VENCEDOR

Ay, pirámides, no necesito marcapasos
ni a ése o aquel intermediario que por descontado
ofrece lugar cimero del Parnaso. Yo no juego
a vencedor, pues me he desapuntado del convite
por la poquedad de mis nostalgias o rastrojos
donde parsimonioso sé apagarme en una vía
excesivamente secundaria y sin atrezzo.

¿Cuál otro olvido que me hicieron olvidaré? No
juego a vencedor porque ya me tragó la urbe
y la cibernética del mundo ciego; porque ya me
mordieron los perros del banquete; porque no sé
si caerme o mecerme en mi hamaca desastrada;
porque escuché ya a muchos Charlots y nada
me conmueven sus parodias ortopédicas.

Juegue a vencedor quien supere el electroshock,
tenga cuentas bancarias y aborrezca la utopía.
Nadie me lo dice, pero yo me sé un derrotado,
un insolvente agotando andanzas y cabriolas,
un creyente que ansía oír cantos de resurrección
mientras recoge espigas de trigo para el pan
de su familia, aquí queriéndole a cuatro manos.

Ya lo dije: ¡No juego ni jugaré a vencedor! Otros

escriban garabatos para subir al proscenio. Yo
puedo conformarme con mi intemperie en tierra
de nadie, pues también es grato ser llanero solitario
multiplicándose sin dar justificaciones ante ése
o aquel adalid que repite lo consabido, versos
van y vienen tan indolentemente palmeados.

Perder sirve de almohada para despertar mañana.

MUJER DE OJOS EXTREMOS
(Jacqueline)

Mujer de ojos extremos: soy todo convulsión
durando en músculos de flamígero presidio; soy el
      juzgado
y condenado cuando me ausento a veces por el otro
tiempo de la manzana; soy el ángel rehabilitado
que te sigue con su ala de amor, gentileza
contra los bárbaros; soy el que desdeña pertenencias
que no hacen falta, manos en ardimiento,
violín flotando por aguas amargas, por soles trizados
pero siempre a tu lado, a las veintitrés lunas de tus
      huesos,
a tus noches henchidas quedándose para que bese
tus sueños y cosquillee tu torso hasta volverte
gacela del Líbano viniéndome cuidadosa.

Tú, que tienes de Querubina, alúmbrame con
      luciérnagas
y cuida mis desgracias, mis espectros de dos lenguas,
mis miradas deshilachadas, mi vida individual
y colectiva: cuídame hasta la última edad, diluvia
en mi fisiología, relaciónate, relígate, ora conmigo
      ahora
y en la hora del gozo, del llanto de la exacta realidad,
creando a fondo la comunión carnal y los vientos
favorables del espíritu.

Yo te necesito, mujer de seda y acero: necesito tus
     ojos
extremos para crucificarme tan de continuo,
para ser testigo de tus llamas sin corrupción,
     alimento
para mi supervivencia que ya rectificó su rumbo
y atraviesa tu noche única de prodigios como si
     hubiese sido un sueño
apretado a nosotros mismos,
en plena acción de tierras y cielos aplicándose
al oído tus susurros y los míos.

Mujer: espósame con invocaciones
que nombran lo amado, con emoción continua, con
     risas
que destellen eternidad y asedio a mis partes
     mortales,
aisladas por tu respiración en mitad de la almohada:
centro vivo, pulsación que me concierne, cerebro
     febril
gravitando en la certeza de mis manos, movimiento
libre de tus nervios principales en cuya rotación
nunca quedo a oscuras.

Mujer de ojos extremos: te cobijo ahora que sientes
     frío
y el ruido del mundo atasca historias a la orilla de
     tu río,

de tu bosque, de tu cielo de tantas estrellas,
allí donde bailé contigo baladas y promesas
hasta hacerse agua nuestra boca tan temprano,
       juntos los dos
pero distintos a todos, éxodo tras éxodo para gestar
al unigénito portador de todas las sangres
de aquellos forasteros
que nos legaron un corazón alejado del odio.

Yo te beso,
mujer madurada bajo el roce íntimo
de mis días vertiginosos.

Te beso
porque cabes en mis brazos
y giras tu curva esplendorosa
para que te respire
como a la esposa del amor
que está junto a mí
en todas las resurrecciones.

EN DÍAS COMO ESTOS

En días como estos, torcidos, cuando no hay mea
    culpa
y todo lo preside el cascabeleo de los demagogos
o el envite de celestinas pegajosas, no mataré mi
    sonrisa
ni mi instinto arquero por los caminitos de la rima,
por el trecho de las llamaradas, por la miel de la
    connivencia.

Ahora me llamo Universo y me pongo cielo abajo
    pero
cerca, muy cerca de las dos mitades del gran cañón.
Déjenme ser bulto incansable, greda giratoria al pie
de la tórtola que voló por el desierto. Ahora
me llamo El Siempre con la ruina de su hacienda
pero ubérrimo de sosiego. Doy fe que el destierro
no me resulta largo, que le hinco el diente
a quien muestra los colmillos. Más adelante pediré
un entierro en el aire. Mientras, síganme
fuera de los templos fríos. Síganme a repartir el trigo,
pero primero a sembrarlo lejos del tedio, sin
liturgias, pero con desbastada Apocalipsis de
    primicias.

Quiero ver por dentro en días como estos, ver el
    misterio

que reside dentro de la luz arriba de los dátiles.
Llueven primaveras desde un anillo y ahora me
      llamo
Jeroglífico. Me doy a explicar cómo se han hecho
las cosas, cómo dentro quedó la vida que no ha sido
devorada del todo. Conservo la marca
y escribo precarias sílabas en la piedra más alta.

Exactamente ahora me llamo Siervo juntando
      inocencias,
colocando a los demás en la balsa, primero la
      antorcha
del niño que fractura holocaustos. Al final sube
el tutor absorto imbricado en el tiempo, en su gran
embudo. Dejadme parpadear la sangre de la vigilia
destemplando la osamenta de los ídolos. Dejadme
      libar
de las antiguas ánforas donde se guarda el vino
del milagro. Dejadme quedar en calidad de
      prisionero
de mi propia certeza.

En días como estos, de pronto me peso
en la balanza aborigen y me arrullo en el meridiano
de su fiebre, de su pulso. Desnudo amor al paisaje
de antaño, verdes lentejuelas a favor de la dicha.
Cantaría en la verbena final, sin pavor al ridículo

de agrietar el silencio en días como estos que trasudan
carroña, que hieden a realidad degollada
zozobrando en torno mío.

DE LO SIEMPRE AMADO
(Homenaje a Teresa de Cepeda y Ahumada)

De por vida nos une un reino fuera del tiempo,
un reino que transfiere palabras contra la
      desesperanza,
alas para nosotros mismos
y para sobrevolar las cicatrices del Diluvio
y ventear aires sin veneno
a los pulmones del albañil que moldeará más barro
del palomar que es dialéctico templo
porque está en nuestro pecho sin coágulos ni
      fronteras,
fundando moradas humildes, silabeando
el porvenir, albergando al Espíritu invulnerable.

:: (Abre tu boca / la Vida está en la LLAGA /
      lejos
de los prelados / lejos del óbolo / a las estatuas) ::

Henos aquí, por aires donde aúllan verdades
relampagueadas en la comunión con el Cielo
de la memoria, verdades emparentadas
al terral de la vieja Castilla que aún busca su contento
celebrando con vino casi alado
la muerte con resurrección.
Oh, poderosa realidad
de lo siempre Amado en el horizonte impar

de esta Babel que poco trasuda la sangre del Dios
que nos escarba la salida con átomos salvajes
y palomarcicos
y palomas
que enseñan a volar leguas arriba
picoteando raíces de páramo como pan de cada día
volviéndose plegarias
hasta hallar cobijo en el nidal del retorno,
adobe y tapial contra el exterminio.

:: (Viola los estatutos de la muertE /   húrgale
su nariz / y meteorízala hasta que diga ay, ay, ay) ::

Del palomar del pueblo salen latidos que nos relajan,
no porque tengamos astilladas las alas
sino por el oleaje de revelaciones
de la sangre iluminada en cánticos para el Cielo
que destella cuando Teresa, nuestra hermana, tan alta
      vida
espera apoyada en sus últimas lágrimas
y en las manos del destierro.
Ay, palomita de las oraciones
que más cuentan, paloma pieldivina
deleitosamente prisionera nidificando la llama que
      no quema,
aléjate de las aves agoreras
y camina por zonas de tolerancia o vuela con el peso
      neto

de tu declaración de ardiente fe
y aléjate siguiendo la medialuna de tu temblor,
aléjate de las aves de rapiña
y no mudes los Evangelios por peste de idolatrías,
por corazones que palpitan a medias,
por escenificaciones de amor deshabitado, insipidez
tras insipidez tras insipidez.

:: (Apasionada travesía por tierras del Tormes y el
      Adaja /
Guardiana / danos tu sonrisa / para esta
      Reconciliación) ::

Pronunciamos la Palabra
alquimiándola en el sistema solar del éxtasis, en las
      arterias
de la perduración antítesis del mundo,
en el mimbral de las ternezas a la intemperie,
en la relojería de Enigmas / Misterios / Milagros
mordedura del Hacedor a precio de rescate soltando
      perdón
contra historietas de brujas hechizándonos las venas.

No más inquisiciones.
Henos aquí para dar 67 besos a la Dueña de los
      palomarcitos
místicamente prendada del nazareno,

a quien alimenta de su puchero, mientras transita
    sures
o Reforma uno y otro palomar, como el mantenido
desde de la infancia, muriendo sin morir
en el connubio que se le volvió eterno.

:: (Deshuesada tu carne / Espíritu eres = Espíritu
    serás /
Cepeda & Ahumada / Ávila + Alba de Tormes) ::

POEMA PARA MOMENTOS DIFÍCILES

Permíteme decirte
que si el frío alambre del oscuro invierno
hiende sus oxidadas púas sobre tu garganta,
nada está perdido todavía.

Y si ahora tu cuerpo es objeto de cóleras
comunicables paseándose por él para hacerle ruina,
mira cara a cara a la vida
aunque la afiliación del hombre
sea con la muerte.

Hay un pacto de honor entre la vida y la muerte,
un grano de misterio
que porfía en medio de cualquier desastre
y no se cansa de arder,
fiel al arca de las visiones cuyo único tiempo
está grabado en tu memoria.

Permíteme decirte
que así se flota como una estrella
cuya luz quiere ser robada. Así se aguanta
hasta el próximo diluvio. Así se aprenden
himnos que logran despertar estatuas.
Así tu sombra viaja todos los días
con los ojos llenos de pájaros y enigmas.

Este es un vals privado que acompaño de violines
para que sólo tú recuerdes.
Tú, que quieres vivir con los huesos completos.
Tú, que has ido quitando telarañas de la casa paterna.
Tú, que sorbes poesía como medicamento del alma.
Tú, que tienes voluntad de seda y acero.
Tú, que deseas oír el zumbido de los cometas.
Tú, que sabes de alegrías y lamentaciones.
Tú, que aspiras abrazar todo aquello que mana del
    amor.

Permíteme decirte
que el firmamento no se ha gastado todavía
y que hay principio y hay continuación
en esta guía de viaje cuyo destino está más abierto
que los sueños.

¿Acaso no has visto tantas aflicciones en los pasillos,
tantas grandes letras negras
dando cuenta de vencidos rostros?
Los ramajes del habla están contigo
y sigues destetándote con nieve derretida,
combatiendo más allá de la víspera
apoyada en el aliento esencial de los creyentes.

Menos sollozos en momentos difíciles.
Menos equívocas realidades.
Menos músicas enmudecidas.

Menos llamas que no queman.
Menos campanas enmohecidas.
Menos desórdenes dispuestos a hacerte volar
de nuestros ojos.

Yo sé que tu salud responde a la llamada
de mi voz bordadora de entusiasmo.
Y aunque no está en mis manos renovarte
las células favorables,
soplo en tus venas para quitar fiebre al calvario
y anunciar que algún suceso alegre
picoteará tu cena de las noches venideras.

Permíteme decirte
que la cita no está convenida
y que debes volver a podar los rosales
(como en el pasado, como en el futuro),
viviendo felizmente con la vida que te sobrevive.

Así es:
la vida es una historia contada por pastores
cuyo pregón genera temblor en nuestros pechos
y en el polvo profundo
y en el resplandor que nos resucita.

Te digo y te vuelvo a decir
que toda cascada de tribulaciones se hará trizas
mientras estés visitada

por el hijo de los terrestres testimonios.

En este mundo
dientes viejos resultan las angustias,
y por ello,
para tu cuello,
elaboro con palabras balsámicas
este collar que sabrá
cómo calentarte durante el invierno.

AVISORA, FERMOSA MÍA

¡Avisora, fermosa mía,
la savia estimulante que mana en torno a mis
      empeños
primordiales! ¡Avisora al Ser que me respira
desde las hojas de su cielo! ¡Avisora el semblante
que ya me empieza en estos años!

Oh virtud tan alta después de las estaciones
de este mundo viejo, ¡adelántate y prevalece,
desposada por mis querencias!, ¡adelántate al canto
      del gallo
que no podrá recoger su sombra!, ¡adelántate
al gran Abrazo que ha logrado quitarse sus relojes!

Mi corazón remoto va en pos de ti. Llamando
y llamando suenan sus movimientos imperiosos, los
      ríos
de su fortaleza voraz, las floraciones flexibles
inspirando el arrastre de simientes.
Mi querer tiene lámparas propias para los ojos que
      anido
en bíblicos olivos o en tu cabellera azabache
oliendo a ensoñación.

¡Ten sed de mí, fermosa de temperaturas tropicales!

¡Ten sed de unas sonrisas que escardan los
　　　　　momentos rotos!
¡Y ten sed del Dios que viaja en nuestro Amor, aquí
o detrás de la vida!

Oh cielo del Amor que gotea miel de edénicos
　　　　　panales.
Oh salomónica entrega que nadie oye al revés.

Canta la alondra acerca de lo que le convoca.
Claro, es el giro de tu sangre viva,
los campos desatados, el eco de la tibieza tuya
desde el fondo de donde sabe despertarse para
　　　　　marear
la ecuación: ¡Sumérgete, fermosa, en mi pecho
de parábolas que siguen interrogando como hace
　　　　　siglos!
¡Vuela o voltéate
espejeantemente lenta por este cuerpo que me
　　　　　piensa!

Te beso, y aún es poco.

Te amo para que no se borre el Reino. ¡Avisora la
　　　　　levadura
de los anhelos, mujer mía tan parecida a la de
　　　　　Magdala!

¡Avisora el discretísimo ritual con el que me
    despedirás
con fervor inasequible!

He regresado a tu boca, y así pasaré otro año
que a mucho me sabrá.

ACECHAN DESIERTOS

Ser dueño de bosques desaparecidos es pertenecer
a la derrota de un mundo que otorgó fulgores a mi
      infancia
antes de la rueda turbulenta del fuego,
antes que se extinguieran los frutos que teñían
hasta la médula del alma
de los míos que redescubro ahora si los evoco
por este páramo de alguna flor sobreviviendo
      endeble
sobre el estío en cuyas brasas
parecen crepitar las lindes de lo que pensé cuando
      joven,
rápido en probar del manjar de la ilusión.

Esta mirada por encima del secarral
aparta trofeos de oxidado latón, sedentarias aureolas,
juegos fosforescentes
que adulteraron la humilde ceremonia
de existir sin acaparar.

Acechan desiertos con sus siglos de arena
coronando la envoltura de la tierra. Acechan climas
ensayando arrojos en latitudes equivocadas.
Acechan semillas amargas y días de ceniza apurando
pesadumbres en lo profundo de los ojos

o del corazón desmesurado, propenso al entusiasmo
que ya no vuelve con lenguaje amparador.

Duele el aire que hostiga entre los rastrojos, echado
      yo
sobre la hierba seca del verano
cuyos llameantes dedales tocan mi piel como fieras.
Va y viene lo que pienso ahora, a la izquierda
del zarpazo susodicho,
resarciendo la otra existencia que emerge más allá
de vitrinas acicaladas, inventario
de lo que no gira adentro de uno mismo.

Heme aquí visionando árboles que ardieron
o fueron cortados con diáfana impunidad. Heme
      aquí
entonando la canción del regreso
bajo los truenos inaudibles del recuerdo.

Aquí, aquí, aquí, donde el estío me combate
con las alas de un pájaro angustiado.

TROFEOS HUECOS

Se agotaron los prestigios.
Hasta el niño menos viejo sabe que tras el cristal
        blindado
muchas manos ensucian la mecedora de los sueños,
restan opciones, ignoran el código del arpa taciturna
y exhiben identidades acordadas.

Mejor dejemos que alardeen por su cuenta
esas sombras que dan vueltas
pero no aran la tierra de labor, no fertilizan los
        surcos
heredados ni captan la luz maciza del alma
que es la gloria, verbos que el cemento no deja libre
porque no están ungidos sus cuerpos aplastados,
sospechosamente neutros, sin secretos de estado, sin
lenguaje suficiente que conmueva por adentro.

Nos despedazan, nos devoran, nos ponen
en punto muerto: comienza otro lunes demasiado
        brutal
para nuestra estatura, otro lunes tiranizando
su escándalo. Qué tristeza esta obra que encalla, que
encanalla, que hincha desmayos y desganas.

Se agotaron los prestigios en medio de la pena,

del invierno, de las tenazas del viento blanco,
del rayo sin víctimas rico en metamorfosis espurias,
voceadas cual pétalos sin parangón traspapelando
      papeles,
cambiando en lugar de éste y éste, poniendo
      demasiados
voltios para la juerga, para la bolsa, para la alfombra
por donde pasarán ciegos y sordos solamente,
solamente,
solamente,
solamente...

EL CIRCO

Abierto el circo para la función incancelable,
la multitud se inflama bajo el carpa
en cuya arena el anfitrión
anuncia el comienzo de las payasadas.

Me sobra dolor para reír felicidades inventadas.

Basta raspar cualquier tosco maquillaje
para comprender que los payasos
están a punto de llorar, que el griterío agota
sus paciencias, que hay desastres vitalicios
transitando la humedad de sus miradas...

En las gradas galopa la desmesura
pues hay olvido de las desesperadas lontananzas,
del mundo que da aletazos de despedida,
de las ejecuciones por partida triple.
Hay una desmemoria colectiva que sale a relucir
exhalando el veneno de sus propias leyes
sobre los vitrales donde se revelan las ausencias.
Más allá de los aplausos el anfitrión ansía coronarse
como el más visible de los cruzados,
como el más obsequioso de los parlanchines,
como el prócer que guiña a la masa y ésta admira.

Lanzo una piedra y acallo el parloteo inexplicable
que sale de su bocaza.

La culpa no es de los infelices payasos contratados
para una falsa comedia ante los súbitos ciegos
que dicen clamar por dignidad y justicia.
Hay grosera embriaguez amartillada,
repentinos palos de ciego, moho, moho, moho
en la corona y en la caperuza del inamistoso
         anfitrión
que ahora gesticula como un orate, araña el aire
con negros dedales, lo contamina con sus gases.

Miro y creo que es un espantapájaros
cuyo sastre empeoró su villana figura.

Trato de decir que cumplo horas de guardia.

En las gradas corean flagelaciones
contra quien lanzó la piedra para hacer añicos
el paraíso que prometiera por el anfitrión.

Me pongo a dormir
y sueño que los vociferantes serán devorados
por el gran ojo de su propia ceguera.

Y ruego que no pasen hambre
los pobres payasos contratados para la farsa.

Trato de decir que cumplo horas de guardia
cuando vuelven las madrugadas amarillas
y depositan desmayados silencios irrefutables
que saben despertar de la creación entera,
del sobrentendido sitio enraizado
al espíritu inmemorial
cuyo lenguaje no pasa de largo.

Y porque me conozco nunca amputo la vida
ni cierro su paso denodado hacia la moldeada giba
de una blanquinegra muerte de absurdos hábitos.

Auge de lo vivo que gana más instantes
y deja el hoyo al descubierto y la lápida envuelta

FRAY LUIS ACONSEJA QUE GUARDE MI DESTIERRO Y ÁLVARO MUTIS CONFIRMA EL FINAL DE LAS SORPRESAS

Pasa que pernocto en Salamanca solo para que
     Fray Luis
se me descuelgue desde el recuerdo carnoso de sus
     liras,
desde su cuaderno de deberes que va cayendo —
     siemprevivo—
la noche arrugada en que le planto conversa.

Libro en mano, como si quisiera poseerlo del todo,
grito hacia su destiempo:
"¡Bájese de las cumbres en las alas de un estornino!
¡Véngase a este reino, don Luisito!"

Y…
Ayayay, mi buen Cristo de las justas rebeldías,
aquí mismamente me lo pones igual que cuando era,
me lo acercas desenterrado por mis ganas, lo
     destacas
como luciérnaga o lazarillo para esta pétrea estancia
que apenitas es dulce conmigo.

Hay veces que uno parece ver claramente a los
     desaparecidos.

Hay veces que uno cree escuchar una voz aleteante
saliendo del fondo del claustro: "Guardad vuestro
 destierro,
que ya el suelo no puede dar contento al alma mía".

Entonces se presenta Álvaro Mutis
después de haber visto a don Quijote en Peñaranda,
y, al contemplarme orando hacia una esquina del
 infinito,
me extiende su copa con vino tinto del Duero,
mientras habla como lo hacen los de tierra caliente:
"¡Ay, desterrado! Aquí terminan todas tus
 sorpresas".

Hay veces que la antigüedad se disfraza de hoy
 mismo.
Hay veces que el deseo de ver es más forzudo que el
 alcohol.
Hay veces que Salamanca te rejonea con breves
 sombras
angelicales.

AQUÍ ESTOY PARA VIVIR

> Aquí estoy para vivir
> mientras el alma me suene
> MIGUEL HERNÁNDEZ

Porque sé que tu memoria quedó preñada de
      silencios
yo abro mi boca para no quedar pasmado
cuando otra vez los alacranes busquen nido en este
      suelo.

Y porque yo te tengo como el hermano que antes
dejó caer sus lágrimas por el infierno de los suyos,
en mi sangre acumulo tu propia sed
y abro en surcos mi corazón mientras pueda,
      mientras
el árbol de la vida no sea cortado con ráfagas de
      plomo
o se utilice para hacer crucifixiones en la calle,
o para envigarme los ojos con siglos zurcidos
utilizando el terrible hilo de la envidia.

Embadúrnome de esperanza, limpio manantial
donde deslavar el odio y aquellas heridas
que traspasan mi costado. Y despídome.
      Y levántome.

Y deténgome donde mi familia crece en una claridad
que no pisan las hienas; crece sobre un símbolo
más fuerte que el miedo o toda piel de cordero
erizada de revanchas.

Y aunque por tu cárcel voy a entristecerme
y aunque a tu sufrir yo vaya a consolar, debo seguir
cantando a la vida renegrida, hermosa a pesar de los
        tragos
amargos, de las estocadas o de las pústulas que
        manan
del hueso antiguo de Caín.

Ahora estás en mi corazón, vivo compañero antiguo,
hermano tan presente con tu puño
repleto de amor.

Repleto de amor quedo en tu pliego de testimonios
cuyos bordes rojos los repintó para siempre.
Tampoco
hoy se perderá tu canción en los pedestales de mi
        tiempo,
en mis días desembarazados del luto inmenso,
de huérfanos y viudas junto a la cara destapada de
        los salvajes.

En mi tiempo no rompen las venas

pero debo estar con ojo de lince, atento al
    movimiento
de estatuas demacradas que cuestionan la equidad
en esta tierra. Y entre besos de descansada paz hay
que recordarle a la gente el bumerang de las
    adversidades,
la casa siete veces saqueada, el oxígeno insuficiente
y los cielos apagados donde sepultaron la memoria.
Despertándote lejos de los gusanos de la
    descomposición,
ahora estás en mi alma.

Ahora estás en mi alma y en la savia que baña la
    noche,
oh hermano caído en el sartén hirviente
de quienes buscaban derretir tus horizontes. ¡Deja
que también yo salude a Ramón y a Federico! ¡Deja
que sea yo quien pode tu llanto con nuevas leyes de
    amor!

De abrazar con ambas manos está hecha la amistad,
    de cavar
por las trincheras sin armisticio o cuando se abre el
    sepulcro
a la espera del prodigio. Tierra con tierra te
    acompaño
para heredar la semilla germinada, prolífica
    contraseña

dentro del cuerpo dulcemente mortal en tu plegaria
desnuda, tiritando hasta volverse infinita.
Menos lágrimas sobre la ardiente piedra tuya. Menos
lágrimas bajo el humus que abona nuevos sueños.
Entretanto, mis ojos ven cómo languidece este
        futuro
y cómo el hambre puede nuevamente aparecer.

El hambre puede nuevamente aparecer
si el odio es el pan que nos sostiene. En cualquier
        lugar
me estremece ver pobres niños con el cuerpo
        evaporado.
Si mi hijo no tuviera qué comer, yo cuestionaría
tal impiedad pidiendo exorcismo para todos. A veces
el hambre se adivina. No había nada para los tuyos,
        salvo
cebollas. Los dos parecían tristes.

Parecían tristes, pues triste es toda contienda
        voraceada
por dientes ojivales y bisturís que abren inocentes
carnalidades. Rebélate en el amor, rebélate en la
        palabra
hasta que se derrumbe la violencia y se pudran
los tambores de lata y los verdugos muertos ya
        estercolen
el chiquero de la bestia. Quien custodia la palabra

es porque ya caminó por su misterio. Quien vive
en amor es porque ya besó su fértil sementera.

Levemente viene el amor desde el más viejo de sus
       viajes
y nos arrastra sin moverse, y nos entra como agua
que bien humedece la tierra cuando llueve.
Sagrado es el amor a la palabra. Sagrada es la palabra
Amor si talla epitafios para todos los odios del
       mundo.

Talla epitafios para todos los odios del mundo con
       voz
de profeta de una tierra ardida y de un pueblo
que conoció sucias cuchilladas o copas rebalsadas de
       ceniza.
La sangre purificada tiene derecho a reinar
en el corazón de todos, sin blindajes que la
       embalsamen,
sin olvidar tus hechos de poeta mostrando
las horribles cicatrices.

Y vístete de pájaro, español de las Españas viejas y
       nuevas.
Así amansarás a los fantasmas rupestres cuyas iras
aún no ha pulverizado el tiempo.

Acelera el milagro,
porque
aquí, en mí, tú estás para vivir.

SALVA DE SILENCIOS EN VOZ ALTA POR EL JUGLAR DE FONTIVEROS
(Homenaje a Juan de la Cruz)

Porque no sé estar sin silencios y sin palabras.
Porque lagrimeando me mojo fabulosamente en la
　　　esperanza.
Porque en las catacumbas dibujo el Pez para que me
　　　reconozcan,
mientras algún hermano toca el salterio para mí.
Porque me acuna un aleteo de palomas hasta
　　　dormirme
con otra visión del éxodo.
Porque tiembla la tierra que todavía no ha sido
　　　iluminada.
Porque echo mano del amor carnal y así siento
que no se me pudre lo divino.
Porque la muerte pasa tostándome la vida.
Porque sólo intento ser un amanuense que sortea
esos caminos trillados.
Porque en Castilla tengo mi alto domicilio, mi
　　　tablero
de orientaciones y la roja cruz de mi bautizo.
Porque mis oraciones no contaminan el lomo
　　　inquieto del aire.
Porque nada es tabú si tengo la virtud de vaciarme
　　　de impotencias.

Porque cuando me toca observar, dejo que el
 lenguaje pase de largo.
Porque soy otro río desordenado que derrama sus
 aguas
sobre las sandalias polvorientas de todo samaritano.
Porque en mi copa no escasea la dulce savia de las
 premoniciones.
Porque descreo de la estatura de los poderosos.
Porque sólo soy un hombre tratando de decir que el
 milagro
de un beso me ha resucitado.
Porque descanso entre músicas densas que resisten
 cualquier chillido.
Porque huyen de mí los murmuradores.
Porque siempre me encomiendo al siempre
 silencioso.
Porque desde niño me enseñaron a tener paciencia.
Porque un sediento colibrí se me aparece en el
 vaivén de los sueños.
Porque protesto de los que se rodean de muros.
Porque como amo tanto a la hermosa mía, procuro
 que nuestras
almas se mezclen de amor amante.

Por la sumatoria de estos porqués
reconozco que el silencio no me asusta,
pues de mi fe brota una alegría que asfixia a las
 estatuas,

haciendo que broten abrazo gratis que los despliego
    hacia los demás
en esta noche invernal que mucho brilla para mí.

SI LO HICIMOS

Si lo hicimos con el pulso abierto, sin reposo, fue
porque se impuso la vuelta al principio, a la tierra
      mortal
sabedor de lo que no es sueño ni patraña, y sí calor
      supletorio
librando brasas de heredad, primicias distribuyendo
sus encantos, sus danzas alrededor de la vara. Oh
      pulpa viva
núcleo del hondo vuelo, verbena de lo súbito
saladamente húmedo que inflama
gajo a gajo.

No es presagio de rígidos estambres. Si
lo hicimos fue para acabar con la última soledad.
      Oíd
el roce de epidermis, las cataratas, las sinfonías
      jubilosas
del numen carnal semiclandestino. Todo vuelve a su
      sitio
en la hora hermosa, cuando un aroma de orquídeas
pasa por el aire de arriba, venteando el embiste, el
      canto
dulcificado de nuestro largo pensamiento, de nuestro
repetir palabras sagradas sobre flores acostadas.

Fue por la vida. Si lo hicimos fue por la entrega sin
	réquiem,
sin máscaras en ningún instante, expuestos
de luz a luz a las lenguas de la noche, ignorando a la
	suerte,
ajenos a las endechas, a las gárgolas, a los perros
perdidos, a sus fétidas deyecciones que nada tienen
que ofrecernos. No hay sino un descender al fondo,
	un calibrar
inenarrable fuera de la colección de los días
satisfechos, sin perdurables culpa, sin anécdotas.

No en horas de eclipse. No naciendo de tumultos.
	Si
lo hicimos fue porque estábamos en territorio de
	pájaros
con la piel desnuda, postergando absurdas
ganancias, las caricias encendiendo su fragua, el
	vuelco
de las estrellas, la construcción de los sonidos que
nos separan de las nubes. Ah, Dios fue testigo del
	goce
mojando nuestras bocas al crepúsculo, al amanecer
detenido un instante mientras bailaban las
	estaciones.

Ved la señal en nuestros cuerpos. Si lo hicimos

fue para quitarnos las oxidadas corazas, la apoteosis
 de la
hipocresía. Vorágine tras vorágine lo hicimos como
 dádiva
estival, sin reprobarnos nada, beodos ahincados
en el deseo incancelable, repatriando las manos, los
 cabellos.

Ni arsenal de adioses ni cuerdas inquisidoras
sobre lo que hicimos.

LAS PÉRDIDAS

Estos años he perdido a tantos. Los heraldos
golpearon la puerta hasta abrirme de par en par con
      terribles
noticias. Orfebres del funeral fueron,
con taparrabos y vasos quebrados. Me acongojaron,
me trajeron neuralgias, dolores diferentes, aguas
      amargas,
huyentes narcóticos, timbales ensordeciéndome
      los oídos.

Sé de besos desmayados, de fríos abrazos. Muertes
      con pies
sangrantes que no me dejan dormir. Muertes
      esquilando
con su inmensa rosa negra. Muertes
que simulan dar leche mientras preparan sus zarpas.
He perdido a tantos por destino o fatalidad. A veces
      la vida
era tan nueva que se iba en unos cuantos vagidos.
Otras ni mirto ni laurel: sólo coronas
de azafranes para quienes ya flotan por las noches
y vuelven hacia mí.
La muerte es adúltera y se calca en cualquier
      desolado carril.
No hay escapatoria a su escopeta, a su coscorrón

destructor remoloneando al margen de la ley. En los
 huesos
está el reloj, la carta de la muerte rutilante y agresiva.

Trueco algunas temporadas de fulgor. Alto precio a
 pagar
por yacer bajo otra luz del comienzo y del fin. La
muerte se carcajea de mí al tomarle por cierta
en vez de mandarle que salte al revés, quitándole su
 espinazo
infractor. Pongo el ojo abierto por los muertos
que me sostienen con su voz derramada en todas
 partes. He
sabido que sus huellas me pertenecen. Soy mitad de
 mí
mismo si no los pierdo para siempre.

Perder a tantos une simplemente, suma mundos
con todas sus sombras ya muy cerca de mí.

NOCHE TATUADA

Humanamente abierto al roce sacramental, ganado
para las alturas hasta confundirme en deseos
      profundos,
mis extremidades desfilan apresuradas, como pájaros
salvajes picoteando deleitoso fruto.

He traspasado las inmediaciones del sueño y la
      vigilia.
He saltado con todo el cuerpo para legislar plegarias
y silencios que dilaten formas exactas.
Vine con mi costumbre, con mi sumergida labranza
incontenible. A empujar tu inocencia vine,
a calcular las dádivas de tu vientre. A vestirme
con tu hermosura, a enjuagar la noche he venido,
alojando mi unidad primera en el surco abierto del
      amor.

¡Engrandecida pasión a media altura, edifica el clima
donde triunfe la cálida lengua de los arpegios!
Así es, a rasgar la noche con luz que muscula más
      luz
abalanzada desde los ojos desplegados por un querer
que manotea de pronto mortales impaciencias
o palomas de veinte colores rozando el horizonte
alcanzable de esa mujer con patria que no tiene frío
porque su talle es dulce llama esbelta

donde se transfiguran los anhelos.

Entre colinas descanso los minutos
que enfrutecen la piel por cuya memoria se
        entreabren
las compuertas del paladear solamente dichas
en cascada, aromas verdaderos del alambique
que más enloquece.

Siente. Estoy avanzando.
Mi boca filtra tu alquimia que remonta todo mi yo
con los ojos cerrados, escarbando la sangre del
        armazón,
torciéndote en mil sentidos por el aposento blanco.

Abrazo morosamente y reconozco divinas deudas
cuando empieza el goce que me alcanza destilando
        sales,
preludio de las llamas del amor con nombre
de mujer izada no por mera casualidad.

Pedí el fuego y se me concedió en toda su totalidad.
Sólo soy el cuerpo que te contiene mientras crece
la noche y reaparecen milagros reconocibles
tomando posición.

¡Oh entusiasmo, guarda en tu puño firme
la contraseña
de este encarnado deleite!

WARI PACHAKUTEK COSECHA LAS PRIMERAS PAPAS EN EL VIEJO MUNDO

Allpapi papaqa / La papa en el suelo
manan sapallanchu wiñan./ no vive sola.
Sumaq waytayuk qurakunapas / Bonitas flores
    silvestres
papa ukukunapim wiñarin./ crecen en medio de los
    papales.

Wari me llamaban porque era protegido de los
    dioses
y creaba alegrías y atizaba el fuego sagrado del Inti.
Así era mi vida en el Cuzco con mi esposa Warasisa,
flor convertida en lucero para que yo viera su rostro.

A Castilla me trajeron curtidos marineros de las olas.

Aquí vine subido a wiraqocha, a la espuma del mar,
masticando coca la dura travesía para no llorar
    sangre
y ser un yawarwaqaq que pierde el alimento de los
    Andes.

Ahora pido que me llamen Pachakutek porque soy
    quien
cambiará el mundo y por mí comenzará una nueva
    era.

Meses atrás sembré semillas con brotes en esta
   ladera
próxima al río, calculando la época de las heladas.

Ya están amarillas las flores y han crecido los
   tubérculos.
Es tiempo de tocar mi quena, danzar con las manos
   al aire
y luego cantar a los apus mientras comienzo la
   cosecha:
Tarpuymanta allaykamaqa pichqa-ganchis killanam
   purin.

Los autóctonos se extrañan con este ritual de
   desentierro
pero pronto vendrán en avalancha a sembrar papa
   blanca.
Por la meseta y por el mar van sin naufragar mis
   cánticos
porque necesito vivir revuelto entre el pelo de
   Warasisa.

Yo soy el usuy, el que trae abundancia.
Yo soy el wayra, el veloz como el viento.
Yo soy el llaksa, el que tiene el color del bronce.
Yo soy el huksonjo, el fiel de un sólo corazón.
Haré una pachamanca para festejar la cosecha
   primera

y que coman largamente la gente de esta tierra.
Esto lo hago porque mi nombre desborda libertad
y la vida es un soplo mágico en las orejas del
      otorongo.

Allpapi papaqa
manan sapallanchu wiñan.
Sumaq waytayuk qurakunapas
papa ukukunapim wiñarin.

PERÚ

Yo he bebido esa leche verde que va nutriendo el
    goce
tras comer y dormir
en los pezones de árboles susurrantes
guardando el fruto que a diario perfumaron
el delta de mi desamparo
cuando fui puesto en la costa más agria
mostrándome su pesado cortinaje de garúas
y de vaso en vaso
quebré el extravío sin quemar consuelos
por el hervidero Capital
donde hasta el aire me acosaba
como bestia sedienta restregando su sobaco
en mi nariz.
Pero avancé por el desierto
del ardor
con mis raíces y fastidios,
tan caracol para llegar seguro, lleno de ecos
cargando chispas o mareas y semillas de la noche
por el témpano azul de los Andes
que desde niño divisaba
horizonte al fondo de mi calurosa Tierra,
región fiel y delirante
en las aguas que repetían su imagen ceremonial
a vuelo de águila danzante del cielo

mientras yo abría códigos
de chirriantes exorcismos que a veces
adivinaba
con las plumas de la libertad.
Mi lengua saborea
una porción del Perú que fue amansada
por mis ancestros,
secretas selvas con diez mil años de recuerdos
y cálidos hechizos
y pequeños proyectos tramitándose
sin renegar de la leyenda.
Por eso no lavo mi amor
en esta tarde que me filtra el Puerto
de mi desembarco. Por eso
atravieso el río sin parpadear de golpe:
así brillan los besos
que recubren la piel de tanta ausencia,
pétalos que pastoreaba por el barranco tan hondo,
anterior a mi mirada
que ya encontraron los Pérez y los Troncosos
con los Mendozas surcando el Manu
o el Inambari
sin orden jerárquico por la subsistencia
de la que no salieron ilesos.
Luz y sueño.
Luz y pronto deseo
para mezclarse con las amazonas, como el errante
Alencar que a los cincuenta y tantos

buscó pareja de veinte para ahuyentar a la máscara
de la muerte.
Soy un peruano con muchas patrias:
por eso nunca me ha lacerado la soledad
ni me hace lagrimear el humo
del desarraigo.
Soy un peruano de única Tierra:
la de mi soplo original, la de mi labio vivo
moviéndose hacia la selva
con su abundante rumor de mundo.
Soy un peruano:
pasen hasta mi corazón y vean,
vean que no hay genuflexiones ni frases delebles
falseando méritos de peruanidad,
himnos van e himnos vienen
los días conmemorativos hechos nada
a la mañana siguiente.

Mi Perú es mío y sólo lo comparto
con quienes hallan en mi voz su tremenda
identidad mestiza
por los cuatro costados.

En adelante
bajaré a beber del pezón más fresco
de esa Tierra que dejó su gracia
en mí.

España

¿Cómo cicatrizarían, si yo no pisara su Suelo,
las imperiosas travesías de aquellos ancestros míos
que no volvieron
aquí. Demasiada peripecia la del hambre
de la gente que aún siento dentro, moviéndose en
mi propia sangre como poniendo esparadrapos a su
      nostalgia,
como volviendo conmigo después de haber surcado
grandes ríos, selvas de un reino ajeno
donde nidificaron sus sueños sobre el caucho
que crecía en los confines.

Y como soy fruto de tantas resurrecciones,
respiro a años luz
con el pulmón eléctrico de la realidad
relampagueando soles movedizos, uno, dos, tres,
      cuatro,
cinco lustros después de mi llegada
hasta el fondo de cuanto miro en la ciudad
que ya es mi Patria
acelerándome verdaderos sentimientos de verdad.

Un día y otro así es mi proeza
pues tengo el linaje hecho espléndido mapa genético
o huella de ADN

por todo lugar donde pido albergue
y además recibo pan con queso para paladear el vino
que me aferra al porvenir
de mi unigénito, del mensajero de mi destino,
del gestado en esta morada levantada
más arriba del olvido.

España no se convierte en nube
o en constelación apenas mensurable por el espacio
virgen. España se me endereza en el torso a la señal
    de brío
o combustión. Y, aunque en tierra,
soy una pupila en las aguas del Tormes fluyendo
hacia el mar de Oporto; soy un Lazarillo
que fija su equilibrio lejos de las delirantes galas; soy
el visitante eterno que cuenta, una a una,
las piedras de su Salamanca.

Éste es el suelo
donde daré el paso final un día de invierno,
cuando escuche el ruido del ancla
y me abrace al rey desnudo cuya corona brilla por el
    planeta
de mi alma, más allá de la frontera del cielo.
Ésta es la tierra donde volví para redimir a los
    ancestros.
Esta es la patria que admite blindadas apariciones
en mi vena primitiva.

Esta es la España donde me desposé y
donde cumplo la promesa de ser cazador y presa, de
    amar
valsando con mi dulce dama.

Aquí me refrigero, sin edictos ni periodos de prueba.
Aquí oriento al hijo de mi felicidad.
Aquí doy testimonio de todos mis acentos.
Aquí atravieso los siglos, con el fulgor azul de los
    encantamientos.

MIENTRAS TANTO

Mientras los inquisidores comprueban
que el hombre existe
y llena su zurrón de pérdidas y ganancias,
él sigue residiendo donde los relojes avanzan
con su derecho a no dar la última hora.

Quieren taparle la voz con las manos de la intriga,
mientras alzan sus copas color envidia
o perpetran postergaciones y panfletos;
pero el hombre sigue con su único menester:
sumar a sus crónicas las primicias
de indesmayables vuelos.

Así camina entre el aliento de las gentes,
apartando celos y malentendidos,
ofreciendo amor con las pestañas de sus ojos,
palabra a palabra dispuestas a perdonar
trampas de la ciudad pequeña.

Las ventanas de su corazón están abiertas.
Es cuestión de preferencias, de no huir del asombro,
de saber que el tiempo es dulce y mezquino:
así va sintiendo cómo la ciudad pequeña
va amarrándose al tallo envolvente de su espíritu.

Mientras se empeñan en dejarlo de lado,
queriendo evaporarlo con amargos
incendios viscerales, él destila buen humor,
ofrece de comer a los pájaros
y termina por creer que tantas zancadillas
sólo fueron sueño.

HUMILLACIÓN DE LA POBREZA
(Niño de tres años vendiendo chicles)

No decir tu nombre. Decir tus ojos reflejando fríos
decir tus manos extendidas; decir que perdiste niñez
porque un remolino de pobreza te estrelló por calles
donde escuchas palabras bruscas y palabras huecas.

No decir tu país o tu ciudad. Decir tu futuro en vilo,
dependiendo de valentías o vergüenzas devoradoras;
decir que subsistes en medio de los días quemados
y que no desfalleces aunque todavía eres vulnerable.

No decir el color de tu piel. Decir que las hambres
te gritan desde que naciste; decir que tu foto no sale
en las páginas sociales; decir que el día te hizo cauto
y que la noche y sus rapaces están ahí para devorarte.

No decir discursos políticos o teológicos. Decir que
nadie remienda tus zapatos; decir que tu desamparo
se debe al orbe asqueroso de la codicia; decir llanto,
injusticia procaz, rabia ciega; decir pan mío para ti.

LA MESA ESTÁ SERVIDA

Ni pan ni vino en la pobreza de estas represalias
por inducir a que coma la multitud, sane el leproso,
camine el paralítico y vea el ciego de nacimiento
o aquellos que nunca quieren ver lo injusto.

Hermanos: siéntense conmigo por amor al Maestro
de quien tomamos ejemplo aunque nos vaya la vida.
Tomen asiento en esta mesa servida sólo de amor
y no me olviden cuando completen contra mí
por decir que la verdad nos hará libres, por pedir
de beber a una mujer que además es extranjera,
por responder con acierto a los nuevos Nicodemos,
por estar contra la lapidación de las descarriadas.

Hermanos: no olviden cuidar de mi familia
cuando me tilden de loco y me envíen al manicomio
por decir que el Maestro caminó sobre el mar,
por creer que convirtió el agua en vino
o por poner nombre a los seis resucitados.

Hasta el pan y el vino me han quitado, hermanos,
pero vengan a sentarse aquí conmigo, pues presiento
algo peor. He visto rabiar a los psiquiatras de la
      Bolsa

cuando dije que los ricos deben vender sus
			posesiones
y repartir lo obtenido entre los pobres.

Esto no me lo perdonarán, pues ya no sólo soy
			demente
sino comunista, delincuente peligroso, desadaptado,
infeliz revolucionario de pacotilla o poeta idiota
que no se ha dado cuenta que vive en el siglo
			veintiuno.

Renuentes a dar la cara por temor a represalias,
¿vendrá a sentarse conmigo algún hermano solidario
o deberé compartir en soledad todo el inmenso
			amor?

Barro del paraíso con espíritu del Gólgota soy
y perdono lo que me hacen, y perdono
lo que me harán.

Donde corren las visiones

¡Mi lengua bajo el astro de la Medianoche
aunque el frío arrecie al costado de la urbe!
¡Mi comunión levantándose sobre las zarzas
y sobre toda seca heredad para los huesos!
¡Mi visión recubriéndose de inmensidades
para que no se rompan las cuerdas del amor!
¡Mi sosiego alzándose vencedor omnipotente
de mil bocinas invitando a burdas francachelas!

¡Oh mi espíritu satisfecho, mi órbita abisal,
mi sano proyectil haciendo eterna bisagra
o temple en torno a lo ardiente y lo divino!
¡Oh mi ingente transtierro midiendo aventuras
 cada himno que estremece la boca resonante!
¡Oh noche crecida en su cuenca de presagios!
¡Oh vida regada por los zumos de mi cuerpo,
vendimiados del fondo de la sangrante herida!

¡Márchense, rigores de los vientos verticales!
¡Ven, ángel todopoderoso, ven a completarme
mientras duren las vibraciones de esta noche!
¡Venga a mí tu aleación como dádiva suprema!

Afuera, una edénica lluvia musita sus alertas
y yo dejo mi corazón abierto a las primicias.

De **El pie en el estribo**

Edifsa, Salamanca (2016)

I

No soy el enajenado sobreviviente disfrazado de
    risas
ni el que se pudre en un escorial cualquiera
dolido en la punta del cráneo
escribiendo despreñadas palabras sobre la piel
del gigante desfallecido que vestigia su peso
si multiplicas tres dígitos del alma
proceso y magnitud de la secreta estatura
de los encantamientos   cintilaciones   fantaseos
del lamedor de azafranes escudando fuegos
de variados flancos omnívoros de honradez
No me confundas   no olvides mi costumbre
    vertical
por muchas lunas sin meterme en un caja
galopando chacachap trapp trapp chacachap
con la última bandera que tartajea en el aire
pretendiendo honor en vez de monedas lloviznadas
en el propio enclave donde se oxigenan mis
    pulmones
molineando pródigamente por tantísimos terruños
que brotan de la ínsula firmamento de mi aquí
de mis ancestros   de mi lámpara divina
de mi allí que impulsa a abotonarme al idioma
ya aliento de páramo y saudades de selvas

No partas sin gestarte dentro de mi lengua o en la
    tutoría
de imágenes que son mordeduras fabulosas
velas y dulces violines   tramos largos de un viaje
a lo mucho interior que al ojo abierto embaraza

II

Veo a un inmortal otear resplandores que yo nunca
     veré
Él va enverdeciéndose al trotar de las centurias
más jovenzuelo que ayer porque no se sumergió
en la existencia inconcebible que sólo muerte hace
     brotar
Junto a él   con otro atuendo   alguien camina con
     orgullo impar
antorchándole paisajes oscuros   suavizándole
     ingratitudes
de tan pocos vasallos   con gran finura poniendo
     argamasa
a sus quimeras   que todo parezca como sucedido
Veo a un caballo semejando dormir de costado
sobre hierbas de agosto   pata izquierda en alto
     volcándose
hacia su propio jinete entristecido   ya
     desmemoriado
con paño blanco en la frente   Viejo caballo cual
     hierba
de agosto   cual galgo pasmado comiendo a medias
Veo a un subalterno emprender misión peligrosa una
     noche
de clarines   pegado al polvo pegajoso del miedo
     pegado

a los gritos de júbilo porque el daño no logró
      meterse
en su cabeza Su afán de servicio es lo que le empuja
Veo a un titiritero regresando con la niebla
      tapando el hoyo
que lo traga todo dejando a su mono adivinar
      mentiras
Vuelvo a ver al hombre   Me mira desde el fondo del
      mesón
de espaldas a la tarde   cuando aún no hay duendes
      ni diablos
cuando el cielo todavía está vinoso   Adviérteme a
      grandes
voces "Sentirás la maldad de los juiciosos   Mejor
      entra
al asombro del mundo En caja de sorpresas
      recibirás
un ángel lleno de lunas que de ti alejará los ataúdes"

III

Exorcizando la estratosfera de los encantamientos
no atisbo el lugar de la derrota desbocada
estalagmita que punza los sueños   el rastro tornasol
de la belleza que más despierta   clavileños van
clavileños vienen hasta probar qué dedal de plata
doma el maderamen que se les vuela
Resisto el crecimiento de zarpazos admonitorios
de quienes se ocultan tras cueros de vino
y les nace una cicatriz   un látigo un ojo viudo
lápidas desenraizadas por la resaca   espasmos
que van desdoblándoles hacia adentro   Hay
     parabólicas
en la yema de mi decir teológico   Ungimientos
sin lastimadura alguna   Saludo con el hombro
y la costilla   con el destello de los espejos rotos
con el galgo que lija vientos   con el podenco
de sombra pisoteada   Saludo con mi dentadura
infatigable   ancla chiquita de bienvenidas
sahumeriando válidas aventuras que no defraudan
He expurgado los códigos del infierno
la otra medianoche   He amputado realidades
que no se sustentan en el corazón   He enjaulado al
león negro que en otro tiempo demostró mala
     conducta

Desciendo del carro para subir a la alfombra de
    vapor
que me descalabra por ultramundanas claridades
imantándome la cara al fémur del destino

IV

Implórote dama del palacio de mi perfecta
      hipervisión
Ven a encastillarte que te sostengo con el antebrazo
desacostumbrado al hollín   al apuro   al loar
de otras generaciones con abecedarios de repudio
Implórote en la feracidad de tu lecho
centímetro a centímetro entre columnas rojas
donde dejo la espada en son de paz   bajo el timbre
elemental del amor bautizado con hierbas de pureza.
Soy caballero que conserva tu secreto de subángel
A ti despétalo la luz crucificada   proscrita a veces
por el desove del taladro continuo del inquisidor
con pies de trapo   en deuda con la ternura
Maúllo en el aposento nocturno   salobro   celebro
conságrome al amor que llora su contranoche
pero apercibe la gloria con aura   sabor de sus cosas
dulcineándome por el balcón en línea recta
río que nos integra con su atmósfera desnuda
pájaros en la fiesta de ayer para el augurio
Abro el romancero y me creo un bertoldo
Abro otros librajos y ya soy amadís o galaor
Péname mi rostro de quijano si no remiendas tu
      amor
que me sobreencuerpa para que no grite en otra calle
amándote hasta temblar sin apoltronarme
coronando   cayendo   regenerando lentamente
esta osamenta que me cruje cual penumbrado arcón

V

El pie en el estribo, frater, enseñando la hermandad
que salva de cetrerías   de cacerías   de jaurías
hermandad que es pan del horno simple   que
      protege
minuto a minuto del ataque de los franquensteins
Clic clic Desde la grupa fotografío tu corazón
      amén
del corporio poseso de escrituras   amén de sus
      entretelas
amén de superficies y humaredas Ensopo mi cantar
en tu recreación   Te sostengo para que me
      sostengas
Bajo para que subas   para que pongas tu pie en el
      estribo
Certidumbre de la hermandad reasignada
tramontando sangres aclimatándose a decir ermano
sin mutilar la hache   a sentir más que a decir
a practicar la prédica   Dame tu licencia
ajena a las circunstancias Toma mi génesis
      refrigerada
por esta meseta donde plañen otros gemires
que no son míos ni tuyos   otras cúpulas de otros
No se agota la tinta de los quijotes   seámoslo
hasta agotar la paciencia de quienes cortan el cuello
a los inocentes   Seámoslo sílaba tras sílaba
sin la lengua anudada   Seámoslo hasta llegar

hasta playas litorales   hasta selvas que me crecen
dentro Seámoslo para esponjarnos piedra con
        piedra
fortificándonos contra silenciosas demoliciones
El pie en el estribo para cabalgar en el mismo bando
por suelos donde el único pasaporte es la hermandad

VI

Ciudad antigua   miel de piedra milenaria   Después
　　　daré
vueltas para que no me hiera lo eterno y me lancee
sus leyes naturales   su pozo de inmenso brocal
miraje sacudidor del laberinto   semilla y embrión
desandando la caminata   acullá o por aquestas
orillas del tormes de egos decapitados   Desde indias
se oyen extrañas pisadas   corazón de similar tamaño
cumpliendo horas de guardia   atizando la lengua
que interesa   Pienso en las regiones de la memoria
en cielos color uva   en savias rebalsando mundos
Quijoteo con don miguel mientras repasamos
　　　evangelios
primera mortaja del primer quijote   sonrisa cercana
ante todo perjurio   ante toda pobreza   ante la
　　　realidad
soñada sin intermitencias   el profeta desvela cosas
que los hidalgos dejan entrar en sus propios cuerpos
Aspiro a salir de la diana de los victimarios
recito en lenguas bárbaras y digo "¡tierra a la vista!"
Heme aquí llegando bajo el arcoiris   Apacibilidad
de las cigüeñas surcando sin parar los cielos
Ya no zarpan pero son turisteadas las cuatro
　　　estaciones
De prórroga en prórroga me quedo   como las
　　　cigüeñas

sólo para leer algunas liras sagradas del encarcelado
migueleando quijanamente   lazarilleando con
        autonomía
engarruñado   dando palos de ciego a quienes se
        hacen
los dormidos   Salamanca hermosa luciérnaga de
        piedra

VII

Ir y venir de la posmodernidad al quijote
porque el tiempo no es un foto fija ni siempre
    traduce
palabras heroicas para el día siguiente de la
    desolación
clarividente o del anémico olvido parpadeando
su senectud en la contraesquina del cuadro
    semejante
anudado al cordaje de ensueños
como un exorcismo donde mi lengua vive del Verbo
no a las diez ni a las tres
sino a las veinticuatro del páramo de todos los
    cánones
frente al rostro madrugado de mi amantísima
forjadora de espasmos si me rezago de su arrullo
bajo la penumbra de las nosecuantas horas
de este destiempo que tomo por asalto con deseo
en ristre adivinando dónde está apostada la tropa de
intrusos que vigila nuestro umbral esperando
    usurpar
el amasijo de obviedades a punto de contracielo
en la órbita que nos descorre por la piedraviva
de castilla   por el otoño del pintar bondades todavía
refugios para gemar mis persuasorias lindezas
enveses cotidianos despertando en otras latitudes

para rebalsar la requemada distancia de los siervos
que no arden con luz propia de los simuladores
que hacen sus hipantes giros de siempre
para empavorecer a los niños que se descunan
bajo la batuta o el vaho de los que permiten

VIII

Pongo mi oído en la canícula de las resurrecciones
al linde del amor de viejos siglos
aunque me duelan los huesos que exigen futuro
o enjalbeguen mi piel con una armadura
por donde giran locamente los relojes
Pongo mi oído sobre la pulpa de unas vocales
que el vulgo no estranguló con vísceras de mercado
Pongo mi oído sobre los escritos de protesta
para conocer lo que allá sucede con mis cuasi
        hermanos
porteadores de estatuas de sal   embrumados
por inciensos que nunca harán taxidermia   sangre
nada más que sangre hasta la médula
Sancho que escudas mi ahora ¿qué haremos
si al final del camino damos con la iglesia verdadera?
Pongo mi oído sobre los pliegos de cordel
para no perder mi sombra en la cripta de otro
        presidio
donde perviven los desalmados vacunados con
azufre   con encono   con flujos sobrecocinados
de psicosis sin fermosura Pongo mi oído en el
        pecho
del rocín que no pasta finas hierbas en el estiaje
de agosto   Yo tampoco estoy para
        autocontemplaciones
ni desempolvaduras No estoy para ser cosecha

del tambor del exterminio limo oscuro de la
      contienda
que no se olvida   Qué lividez empedernida   qué
de corazones enlamados desatendiéndose de Dios.

IX

A Miguel Elías

Oh señor de Libreros   señor de Unamuno
el mío corazón comparece ante su creencia sin
estatuas   quijotesca teología del ejemplo
dinamitando religiones   ¡A desertar se ha dicho!
La sala principal es el corazón ¡Evangelíceme,
hágalo sin estampitas ni mentecatadas! ¿Qué
habrá excomunión? Gracias a Dios   gracias
al aletazo de las cigüeñas sobre la calva del obispo
gracias a lázaro de Tejares por donde duermo
Ahora le atiendo a usted   profesor sin páginas
en blanco   guerrero de la joven alianza   Ahora
curaremos nuestra tos   señor del rectorado
Veo que su aliento da para otras travesías allende
el Griego   abajo del palidecer de los fariseos
Anote el número del móvil que no tengo ¡Lláme-
me con su voz que despierta españas! ¡Persevere
en sus lecciones por el flanco de la cristiandad!
Ahora le atiendo porque su pluma está en mis
            pupilas
¡Venga   disparemos doce salvas por la noche
de los viajes! ¡Saludemos a quienes llegan a esta
vieja castilla! ¡Salgamos para que se infarten
los mercaderes y quiebren su voz los falsarios!

¡Persevere   señor de Jugo! Vine de la otra orilla
pero quédome donde se cobijan sus Palabras
Yo   como deudor   siempre las ennoblezco

X

Ante mí cabalga un quijote cuya figura tiene de
 sancho
Fuíme solo y volvíme acompañado oh temblorosura
enramada a lluvias reventonas   a extramares que
 sentí
Cabalga el robusto barbaroja por pastos infinitos
humedad de la tierra en sus botas de soldado
 Abrázole
nomás para quererle   un último día eterno
por si la ausencia girase pecho adentro   Yo silbando
y él en la grupa de su moto roja   corazón que no
 duerme
desde hace tiempo   pasando su sangre por mis
 venas
El viento es un caballo sin riendas   como este
 quijote
empecinado transportando cuartones sobre el
 hombro
izquierdo   Mírole nomás porque me hace falta
Háblole nomás porque mis palabras tocan sus
 lágrimas
Grueso quijote de otros campos de iguales sueños
¿de quién es el aire? ¿de quién las flores coloradas?
No me avergüenzo de heredar su emoción
ventajas y desventajas del largo vuelo del espíritu

Estaré besándolo por pater cuya copa no rechazo
por padremío que camina impaciente en línea recta
Volvíme con mis huesos apretándole la vida
Fuíme con sus ecos subiéndoseme a la espalda
Ante mí cabalga un quijote sudando a sus anchas
Sosténgolo en la mirada   Allá está en la selva grande
reconozco tal olor   Hoy háblole firme a mi pater
     quijote
Dígole "La victoria está en el futuro"   Descansa

XI

No es loco el que ve más allá   oh mortales
cascarrabias   Loco sólo es quien ocupa altas
      magistraturas
zumbando como abejorro sobre heces   malherido
de codicia por enchapar de oro el adobe de su casa
      de su
cuerpo   de su mente lisiada   desangrándose
de lunes a lunes balbuceando guarismos o
      manoseando
monedas huecas   Vulnerable calistenia del ceño
fruncido por el tren en marcha de la descomposición
Far west encopetado de esculturas en cuyos
jardines de cruces negras no dejan entrar al
      mendicante
que   despertándose del ayer   camina su regreso
un día de reposo   La lucidez es ritmo   espiral   ida
hacia el abismo de las llamaradas secas   malabar
      furtivo
sin límite de mundo   En los ropajes sucios quedan
vanidades   naturalezas muertas   estampidas al
      aposento
del óxido   Oh mortales hechos los encumbrados   yo
      veo
vuestro cascarón   vuestras venas hinchadas
vuestras bocas

reñidas con el lenguaje de la bondad   Me voy con
    una idea
en la cabeza   Mi brújula es una memoria que tiene
la edad de Cristo y por eso me voy a cruzar las
    noches
con un puñado de luciérnagas   Otra locura para
    jugar
a la vida sin pancreatitis ni santos terribles   Otra
    locura
para combatir como sólo combaten los enamorados
    Otra
locura para mentir siempre con la verdad   aunque
    me
echen los perros o me nieguen más que Pedro

XII

Jovenzuelo enfebrecido en pos de ser maese   La
    poesía
hace diana en su presa hasta que la enhechiza
para que no tema envejecer en el voltaje de su
    misterio
en su brasero de purificación
en su sangre de niña eterna que hace música sin
    tocar
que generosamente pinta lejos del color adivinado
que exprime llamas con la inflamadura que contagia
las recónditas nervaduras del sentir
De esto no se enteran los pavorreales   En su cola
no entra tal prerrogativa pues sobreviven en lo
    vacuo
delinquiendo en la blandura de sus circunvoluciones
en el in memóriam somnoliento   en el infinitésimo
    jamás
La poesía retumba adonde quieras
porque no deja huérfanos en el saldo de su lumbre
en el escondite suyo que es el espíritu avivante de la
    carne
hospital del corazón remendando el transverso
de nosotros   aunque no tengamos camisa   ni
    sobretodo
Shsss   shssss   No hagas ruido en su matriz

pues de lo contrario no habrá segunda venida
en cualquier minuto del quiebre de la perfección
de la chispa que esculpe el fruto a sangrefría
La poesía es levadura para el antecuerpo litúrgico
del que ama la vida o se hospeda en la muerte
en la casa de espejos sin reglas de extremaunción
lanzado más allá de la cresta oceánica   del verdoso
      solsticio
o de la temperatura indespojable del Maestro

XIII

Salvando la apariencia de los jueces disolutos
amortigua el daño mortal esa lealtad que muestran
los más agradecidos   tan en vigilia por ocuparse
de lo que me atañe   sanchos guardándome la
      espalda
por trompicantes itinerarios lejos del origen
A ellos abrazo sin aterrarme   No son truhanes
ni mentecatos ni malandrines   No me
      desencabalgan
con piedras lanzadas escondiendo la mano
La ingratitud transforma en pobres diminutos
a quienes la practican   Mírenlos sin envoltura
enjambre sin electrocardiograma tras la marea baja
dispersos y juntos bajo hediondos soles artificiales
Mírenlos urdiendo responsos para los vivos
nostálgicos de tribunales non sanctos
      amuchedumbrados
espoleando pícnicos arres de enemistad
inadvertidos y sin necesidad de salvoconducto
Mejor un sancho de pensamiento converso   Mejor
muchos sanchos con virtudes sin trizar   Mejor el
      ayer
el mañana o el trasanteayer si el que muda es por
      acrobacia
si es razón sin cordura lo que disparan por la culata

fogosa de la envidia   engaños para determinar
qué parte del alma atravesarán Pongo cuerpo a tierra
cuando no diviso a los sanchos definitivos
puros en su grandeza andando a la intemperie   a
        tumbos
más nunca lejos de mi lado izquierdo

XIV

Se ama con las manos abiertas para que el dar
no traiga desamparo al corazón ofrecido en el
      páramo
ya mitad madera   mitad piedra con sangre antigua
exigiendo carne gestante de un último Adán
      proverbios
para los saltos del vivir y morir   ojos pegados a la
      cerradura
de un primer veredicto que besa la boca tal como
      tiemblan
los días del destino   eros fértil laboriosamente
      puesto
a manosear el trozo infinito que le toca para siempre
matrimoniado en esta unión de dos que se dan un
      lamido
un abrazo   un sí dulcemente haciéndose savia
      soñando
que galopan por secadales con trompetas
anunciadoras
del fin del exilio   de calles color gris desmemoriado
posándose en los años viejos cual flechas que no
      tienen
veneno pero fatigan   Se ama cuando llueve o escapa
      la luz
rozando los sauces   cuando el tiempo se voltea

dando pequeños gritos de dolor sobre un caballo de
    juguete
o una plancha encendida   pez en el aire o en la
    barca azul
del río neblinoso donde te entregas al polvoriento
caballero de ninguneadas andanzas   Se ama
    absteniéndose
o excediéndose   carne con carne dentro del hecho
de hacerse uno percibiendo feromonas que
    desapaciguan
con ayes sanando la sangre oh morena hermosa   Se
ama no a hurtadillas sino rebañando el pan familiar
para poner el alma en claro   tactando bonanzas y
    altibajos
lucisombras do no se muere el amor porque natura
    da

XV

Ni visible gota roja de lacre sellando mis epístolas
ni el ocre de esa mancha durmiéndose lejanamente.
Aún en calabozo mi firmamento no se estrella
pues viene a mí no sé qué ángel o llave
de la imaginación   de la emoción más sustanciosa
Madrecita   mándame miel de abejas salvajes
Padrecito   tuve que enjuvenecerte en sueños
para así seguir enterrando los pies en el origen
Abuelaza   ahúmame la antena vegetal de los sentidos
y el sagrado corazón improcesionable
Heme aquí   sancho a veces   quijote siempre
con todos sus sinónimos a cuestas   crucificado
para aliviar ponzoñas   ulises paralelo recogiendo
botellas lanzadas por escribas que pagaron con su
      vida
Quijote a veces   sancho siempre velando los sueños
del mañana   especificando las creencias
sin atender al fémur legendario   a la astilla podrida
a las quisicosas cómplices de los párpados insomnes
Tomo pulso a la brújula por la encrucijada
en crudo delante del cronómetro   del antónimo
que traspapela su justicia   Tres ¡hurras! por
      casiodoro
de reina   por juan de yepes   por teresa de cepeda
Un ¡viva! por el cantar aunque me juzgue algún
nicodemo malencarado   maleducado en lágrimas
Todavía no podrán ver mi sello mi roja gota de lacre

XVI

Cerca   por ribereño villorrio vive una mujer
de cuya cocina sale bien abastado el errabundo
Mujer que no quiere ni el caballo del Zorro
ni el de juana de arco   mujer que no se deja
observar por los hipócritas del lugar
Fuera sin nadie a su lado se calza botines
para entrar en el sueño imposible de aplastar
Tal quijota no habla de nada pero el oído arenoso
de Dios siempre le oye recogiendo perros
perdidos   ofreciendo panes calientes
ojeando palabras grandes de un Libro inmenso
enfurruñándose porque sólo de boca alguien se alza
generoso   Ella amanece sola y escondida después
de dar de cenar a los desamparados   Dama
de humildad a toda prueba   huyendo de estancias
solemnes   consonando el fracaso de su victoria
subida al autobús como tantos de billetera manca
Lo que busca le golpea   el desconsuelo muerde
su carne pero en ella perviven ideales meridianos
Lagrimea pero sigue haciendo las paces inmediatas
sembrando orígenes de inocencia Anda esta quijota
escudada por niño sagaz Dígoles siempre   Venid
comeréis del trigo blandifuerte que cosechan
mis manos Vienen y acopian provisiones
que repartirán alguna noche otra de este invierno

XVII

Hombres que soñáis con el amor entre los labios
prométoles que habrá justicia   si sabéis perdonar
al traidor de vuestras filas   si la luz corporal no
      desaparece
si no tropieza la alegría o se equivoca de pecho
Sangre angelical tan dejándome en huesos   viértete
sobre las sombras lobunas   sobre los pesarosos
      cuervos
Tan mineral estoy en este cuarzo que sangra sombra
      oh
mío compañero vuélvesme talvez en el dorado
caballo del alma   relámpago soterrado en mi cuerpo
de derrotas   desriñonado   Espesura de lengua
sin quejarse de los entredichosos   cuasi hombres
cuajando mocos con el estrago de sus rodillas
Flameárose mi corazón creando imágenes que
      expongo
sobre cueros de cuántos siglos   pintábalas
      empurpuradas
bermellosas   estallantes en lo entreoscuro Hombres
con ojos que saben del diluvio   quiéroles por estar
con el diosmío Ah camaradas   es hora de descreer
de impostados genuflexos que alaban puñaleando
Con flacura véngome del antes   de cuando teresa
      panza
repartía leche negra Véngome del hoy desmedido

Véngome del futuro que me queda pronto   Heme
     aquí
con mi cándida estatura   aventurándome todo el día
hasta romper en dos los paseos triunfales   hasta
     mostrar
el debe y el haber del catálogo del circo del desagüe
Hombres generosos   hay fiesta en los caminos

XVIII

Buena dama   Apiádese Vd de este pobrísimo vate
con el coche averiado   sin hacienda   haciendo
    memoria
por caminos lluviosos   hijodalgo sin más armadura
que su traje nuevo del pasado   Señora
    despreocúpese
de la casa   de la compra   de la vestimenta   Ya
    preguntarán
ya descubrirán aquello que puede disgustarles
Confúndase conmigo en el amor que hace volar en
    pedazos
las tribulaciones   La ternura no es simple posesión
Gústame convocar al mañana   críticamente al
    margen
del rebaño de dinosaurios   relinchando si no hay
    más
remedio   sin piedras ni palos   lleno de coraje
por las hambres que he visto y medido   Tardaré
    algo más
porque están de obras   Me da tiempo para viajar
    hacia
su orilla y subir al tren y enloquecer de paisaje o del
    sueño
de vuestros ojos   Todo se puede perder en un
    instante

Señora de las bienaventuranzas   yo no quiero
          perderla
este día que mis pupilas traquetean por los raíles
Yo sólo pídole me acompañe en mis causas perdidas
          Yo
un desastre de hombre que la ama bajo esta densidad
de la vida   con fe y sin monedas   Qué tiempos
          difíciles
Qué de brazos disfrazados alzándose a los cielos
          Qué
de papeles arrastrando simple lodo   Buena dama
          Apiádese
de este descabalgado poeta pobre   Déme su larga
          paz
sonando fuerte   sus siete sellos atravesando
          despacio
mi entendimiento   Cobíjeme

XIX

Libar uno del otro   del otro el cauce de la sustancia
       misma
los comienzos   los finales   sin desistir por el miedo
envenenado   por los fetos de fétidas teologías   por
       la facción
que refracta Palabras sin piedad ante jornales
       haraposos
Del quijano a copiarlo todo sin disimulo   lo que
       dicen
que dijo   el valor de cada escena   los sacrificios   el
       pasmo
infinible tropezando   ¡A mí el tiempo me sobra
para cosechar sus buenaventuras!   ¡Sí, por el cuerpo
       sudoroso
mío reharé los seis sentidos el épico errabundo!   Me
       apoyo
en el estribo para el después cabal sin asfixias   carne
y hueso y tacto útil cada mañana que llega tarde
       desaliñada
o derechera hasta roer mi volumen   Como un
       cormorán
regurgito lo que me anega   el río infinito   la
       madrugada
eterna   el ángel sobre la piedra sucia del
       despeñadero

Atravieso tormentas alucinantes con el ojo izquierdo
crucificado hasta donde alcance   Acto que revuela
    sobre mí
sin mortajas   numen más dos espíritus haciéndose
    exactos
Arrastro quijotes   unamunos   cristos que son mis
    vecinos
sin luces de neón ni avemarías   Temple noctívago
el mío para acercarme al costado de estos navíos
a sombras deslumbrantes   a sombras que redoblan
    lo real
en la memoria viva que abre en dos las aguas ¡Si
    acaso
nos comprendieran los ágrafos, los que no
    escudriñan
las Palabras! A contracorriente pienso anotar la
    permanencia
del trío   pintarlos con el óleo de mis labios
    crédulo
de sus heredades en aluvión por tierras y cielos

XX

Para cuando esté a punto de muerte
he pensado sin descanso en un entierro hasta la
    cintura
vestido de arlequín   mientras mis deudos
dan los buenos días de inmensidad a inmensidad
dejando que los curiosos ojeen mi rostro sin
    lágrimas.
La ley no prohíbe morir en domingo de creyente
describiendo el fondo sin remedio sintiendo rubor
por los disfrazados mitad farsa mitad crudeza
    apéndices
desensartados del cristo bueno que me reencuentra
loco como él   quijoteando como un alonso
seguidor de su bondad   alquimia del espíritu
en la rueca subrepticia de la vida   tan pocos
    corazones
turbonados para limpiar pestilencias
vestuarios de actores con colmillos hambrientos
Póstumo me despierto durante el intermedio sin
    trópico
sin puercos ni galeotes   sin monos adivinos ni
    cuevas
ni leones ni pastores o caballeros de verdes gabanes
Pero aún puedo oír rebuznos, zarandajas y
    bellaquerías

de los infatuados con su empollada realidad a la
    medida
ensemillados con el éxtasis   ahítos en su júbilo vacío
Madrugar de pájaros para mi entierro que tiene
    regreso
sin que suene el móvil que nunca tuve
sin que resbalen llantos porque enfrían mi alta
    temperatura
sin más prosperidad que el mucho amor que hace
    falta
Vale esto para cuando esté a punto de muerte   Vale

De **Savia de las antípodas**

Verbum, Madrid (2009)

*

La cita será mañana
y se anotará en la historia
de lo sagrado,
y sembraremos orquídeas
en la nieve.

*

¿Buscas resplandor?
La poesía es un reino
que alumbra en lo oscuro.

*

Sobre el mármol blanco
acampan las moscas.
Todo poder tiene su panal.

*

No busques oro.
El hombre se desboca
al menor brillo.

*

Tú serás mi visado
para morir y resucitar
sin temor a represalias.

Beso tus labios puros.

*

Espantada la serpiente,
vuelve la armonía
al huerto de los manzanos.

*

Pides, lloras, gritas,
pero no haces.
Tu voluntad duerme
como el oso en su cueva
de invierno.

*

Ágil mi alma,
como la libélula

*

Palabra en mano
y boca llena de peces.
¡Gozo de vivir!

*

Tantos aullidos
cayendo la nieve.
¡Hambre de lobos!

*

Tiernas flores
libadas por abejas.
Miel salvaje.

*

Amarra tu barca.
Con paciencia pescaste
lo suficiente. Resérvate ahora
para el brindis, cual vuelo
de cometa sobre flores de loto.

*

Todo lo perdí, salvo
la sombra de este árbol
que impide al sol
secar mi corazón.
¡Ven, te dejo estar aquí!

*

Mucho hablas del árbol
que es hermoso.
¿Probaste su corteza?

*

Profundo sueño
duerme tu cólera.
Te noto en paz.

*

No quieras fama
que granice tu sosiego.
Muerde más polvo
el ídolo que cae.

*

Un día subió mi corazón
sobre la flor de la ternura.
Ha de llegar a una estrella.

*

¿Cuándo el silencio empieza
a considerarse grito?

*

Rodeada de espinos
brota la rosa.
Sucede así el amor.
¿Probaste su corteza?

*

El tigre acecha:
sus próximos pasos
no sólo serán presagio.
Los girasoles
vuelven la cabeza.
¿Probaste su corteza?

*

En vida tus huellas,
grandes o pequeñas.
El alma vuela sin fin.

*

Un buen pintor
dibujó tu retrato.
Otro te creías.

*

Sigue el rastro
que deja un caracol.
Senda segura.

*

Buitres volando
sobre la cruz vacía.
No hay banquete.

De **Prontuario de infinito**

Verbum, Madrid (2012)

POR EXTENSIONES VÍRGENES

Recuestas tu cabeza por extensiones vírgenes
y de pronto no cesan los nacimientos, las
      Resurrecciones.
Cada quien sabe de aquello que desciñe y fecunda.
Así el jardín donde se salta, donde se vuela, donde
el cuerpo es raíz nutriéndose más acá de las
      promesas,
fiel espiga alumbrando abismos o fuentes
de agua semejante al zumo que gotea de delicioso
      fruto.
No hay ligereza cuando quemas miedos
que malviven en el bosque de las represiones.
Salvas o vivificas por la armoniosa unión
que desborda vorágines sentimientos.
Dos almas acercan sus labios para el instante de
      gloria.
Dos soledades se confunden por el cielo del
      asombro.
Dos palabras se demoran siglos.
Dos lejanas orquídeas tiemblan, ¡cómo tiemblan!
Las campanas son del otro reino que idolatra la
      materia.
Prevaleces revoloteante, desdoblado en el congénere,
yendo y volviendo por su inocencia.
No entierro y sí fiesta, sí respiración besando la viña,

sí el turno que corona con súplica alegre.
Giras tu cabeza de Crucificado y la pasión no muere.
Vuelve el rocío, la cueva se abre con vida adentro.
Hay que celebrarlo todo,
olerlo todo al interior del cáliz o del misterio gozoso
que echa chispas sobre la manzana.
Te hospedas al fondo, obediente de atentas
	consideraciones.
Te levantas pastoreando el fuego encendido.
Te acuestas arrodillando los besos.
Está tejida tu voluntad para demorarse en el origen,
en el espaldarazo de la sangre sin mortaja, en el
	entusiasmo
del tallo sucesivo, otra vez en la niñez creciendo
	deprisa,
otra vez en la madurez de las esencialidades.
Una voz errante progresa entre pechos y manos en
	alabanza:
así la brújula enloquece por el pozo constelado,
por el insistente llamamiento.
Ebrio de lo humano vas hacia lo divino,
lo invocas para compartir la realidad y el sueño,
la estallante rebeldía de la carne
queriendo estar ya en la ingrávida pradera del
	Espíritu.
Dos sinfónicos aleluyas por tan deleitoso encuentro.
Dos cánticos entre la tempestad que crece desde la
	sangre.

Dos cuerpos conquistados para lo indecible.
Dos vislumbres, dos antelaciones de la luz.
Alcanzas la cima para tender un puente a lo infinito.
Te volteas con las pupilas engrandecidas
y abandonas el orbe que te atrapaba.
El movimiento era eso: sembrar la ardiente semilla
en el cuerpo regocijado
y luego, germinada la tierra, extraviarse
para ver lo que hay al otro lado.

¿Dónde estás ahora? ¿En qué predios trasvasas tu
    poder?

Te estremeces por el lobo y el cordero

Te estremeces por el lobo y al cordero.
Amas ultrahumanamente, sin límites, como la
      música
del universo. Oh profunda sinfonía forjando
lo sagrado de principio a fin, alto asidero donde
      sobrepuja
la esperanza. Oh sucesión eterna que desatas
unisonancias, instintos trajinando hacia el magma
de lo trascendente, de la cadencia absolutoria
concebida compartiendo a ultranza las aguas
      profundas
y las hondas delicias de un contravuelo angélico
que se abroquela para recibir al Viento más feraz.
Siempreviva estás, trashumante presencia.
Te hospedas en la Luz que no aniquilan los ocasos.
Estando sin estar, eres evidencia,
cerebro verbal resaltando chispas de pureza,
latidos sin cautiverio, ciertísimo llamado de
      traslación
más allá de anhelos y desveladas ensoñaciones.
Pertenencia al páramo del Desprendido de sí,
a su oculto ritmo, a su lenta llama venturosamente
extemporal, cual indescifrable alianza.
Pertenencia al portal de los testigos,
al presagio de otro Reino, al aliento acrisolado

cual plenitud donde prospera lo sublime.
Pertenencia al verbo de una estrella.
Pertenencia al llagado cuerpo de doliente ternura.
Pertenencia al ala que se desvanece por los aires.
Pertenencia al linaje que acopia inocencias de siete
   en siete.
Te perpetúas en la antelación de la alegría
y asciendes, porque tu Unidad sabe la fórmula
de diásporas y deslumbramientos.
Clamas por tu orfandad. Clamas contra látigos
   agresivos,
fraternizando con los perseguidos, abrazándoles,
compartiéndoles la realidad que hay en los milagros.
Nada te desmide,
Criatura de nombre hermosamente pronunciado,
piel consumante, contorno que se aviene a penetrar
en frondas de cálido renacer.
Mantienes el don de ser el antes y el después,
lámpara alumbrando los vuelos breves del pájaro, su
   sombra
en la alta noche del abismo.
Conduces los fervores hacia el alba adolescente,
pulsas con tu estatura de Árbol de vida, riegas
   violetas
con el cauce de tus transpiraciones.
¡Horizontal ejemplo el de las manos extendidas,
el del pulso que sustenta! ¡Belleza de la Forma en el
   paisaje!

¡Oh Dios, qué desnudo afán el de este Amor
avanzando eterno, dándose así, tan pródigo!

¿Qué savias vas donando?, ¿qué otras luciérnagas te
rondan?

TERNURAS ALIADAS AL MISTERIO

Retoñas anhelando comunicar ternuras aliadas a Tu
    misterio.
Humildemente eres guerrero, guía y relámpago
sobre el fruto que abriga en lo profundo, sobre la
    inocencia
que no cierra sus ojos ni observa los relojes porque
    quiere más
de ti, obediente entre el follaje y lo baldío.
compruebas con el índice cómo tiemblan las
    violetas,
como brota una intimidad antigua, fecunda Gracia
confiada al altar del amor, otra vez desde el
    Principio.
Hay fiesta, celebración, milagro eterno en todo
    instante
mortal que no se ahoga, que corona toda herida,
que levanta llamados, vahos, afanes por saciar la sed.
Atrás el esplendor de la danza, las hondonadas y los
    montes
que vieron completar aquello que Todo significa.
Adelante, un hombre común dejando caer Agua de
    vida
en la tierra gimiente, realmente abrasada y nunca
    indiferente.
Tú viste el lugar apto para el trasvase.

Tú nunca transiges ni te cansas, porque anulas el
 tiempo
cuando derrites el cielo y lo colocas a tus pies,
 cantando, ay,
cantando como Salomón entre el rosal insuplantable.
Tú no eres embudo ni símbolo: eres prójimo
 involucrado
con pasión, con denuedo, sudoroso cuando entras
por la puerta de al lado, la más pequeña.
Tú untas y llenas las bocas suplicantes, llenas los
 vientres
vacíos, llenas las flores humanas con noticias
del Oleaje despierto, del Pez resplandeciente en lo
 oscuro,
acurrucándose ante las ofrendas de la dicha,
ante el doble arcoiris o las avecillas de carne en cruz,
en leve reclamo a la espera que llegue el porvenir.
Eres la Sola memoria contra la que chocan los
 cuervos.
Tuyos son los parabienes del Único cuerpo
 entrecruzado
y del Dios mentado en casa o por órbitas
donde hasta las células se embullen con lo
 Desconocido.
Tú no eres chispazo ni azogue; tampoco cacareante
 gallo
que cualquiera coloca solo para el encuadre.

DAS DE TI, TE IGUALAS

Das de Ti, te igualas, más no para sueños
    placenteros.
¡Esas creencias, esos entusiasmos desvaneciéndose
    pronto
para quien quita y pone velas sin vida!
Temprano regresas al antiguo Tálamo.
Temprano obtienes libertad para entrar en lo
    Cerrado.
Temprano purificas y zurces la Herida
bajo esa amorosa Luz que brilla aunque llueva;
    ansiosa Luz
para el rapto alborozante del cuerpo y del espíritu.
¡De rodillas el Centro puro, constante noria!
¡De frente el gozo de la Sangre!
¿Halcón o Paloma?
Avecilla estremecida de querencioso canto.
Avecilla o flor de trigo en el panal del aire o al
    impulso
de la trilla que ya no pierde algo de sí tras la Cosecha.
Avecilla que no se fatiga de llamar.
Das de ti a la Cierva perseguida.
(Te das para que abundante llueva sobre su Sed).
Das de ti al Prójimo que necesita Sentirte.
(Te das para que en Ti goteen las lágrimas de su
    templo).

¿Holocausto, sacrificio?
Avecilla de la conmiseración en Divina entrega, eres.
Avecilla que puede se tocar sin morir, eres.
Aquí estás para Darte, cual certera presa Sagrada.
Abajo te adelantas a la traición impugnable,
a las Noches engendradas de Parabienes,
a la suma de razones que animan a enderezar el
    torso.
Enardeces a quien te Ama desde arriba, a quien te
    rodea
de relámpagos mientras desnudas los gemidos.
¡Cegador mandato!
¡Tu sangre es Vida que nunca invita al desahucio!
¡Tu Pecho flexionas ante el asomo del Momento!
¡Tu Cuerpo, lagar reventado, desdoblas hasta el
Infinito!
¡Tu voz ahora es Fiesta, sin ceremonias ni bombillas!
Mientras otros tropiezan con los muertos, y se
    retiran, Tú
insistes, diciendo – "Estoy aquí, afuera y adentro".
Pueblas de bondad el corazón Ileso
y sigues donando savia de mieles, sigues floreciendo
desde la espuma de las generaciones,
genética creyente en las fulgentes delicias del
    misterio.
Y en vuelo anegas de Ti la flor humana.
Y a pulso Vivo moldeas de nuevo la arcilla que
    contigo

sabrá correr por el Paraíso.

¿Hasta cuándo este derroche de Amor, este suave
    Temblor?

BANDERA BLANCA

Enseñas tu bandera blanca como si fuera un salmo
	infinito,
polifonía de las proféticas voces que acopiaste,
al igual que los andrajos que llevas en cada ruta de tu
	agonía.
Único destino tuyo, el Amor. Pero hay hombres
que te declaran la guerra, soliviantados porque pasas
sus fronteras sin mostrar salvoconductos.
Te atacan y no respondes: sólo enseñas tu bandera
	blanca,
hablándoles con ternura y con justeza,
aunque estés encaramado a montañas de ceniza.
Allí siembras y riegas; allí esperas: germina una
	amapola,
luego brota una orquídea y, más abajo, deprisa
renace el praderío de la existencia.
Allí ves una paloma sedienta que no se atreve a
	beber
del pozo profundo, y llenas de agua tu escudilla,
y dejas que se sacie, confiada en que no le harás
	daño.
Puro goce es tu serena vocación de ser puente, risa
	de niños,
espiga madura, rocío nupcial o limpio remanso
donde el sosiego se enhebra contra lo hostil,

donde las gaviotas saben del mar que desemboca en
    tu luz,
donde lo hiriente se descoloca para siempre.
Entrelazas tu peregrinaje con el viento, vas y vuelves
del abismo y, cada lento atardecer, dejas
que vuele tu tristeza por quienes sufren asedios
y persecuciones; dejas que tu alivio vuele hacia ellos;
dejas que gotee miel en sus corazones...
Único destino tuyo, el Amor. Pero hay odios y
    flechas
disparándote, gentes destilando sus iracundias
por plazuelas y lugares donde se reparte el poder.
Y otra vez enseñas tu bandera blanca
para que en la noche turbadora se firme alguna
    tregua,
algún paréntesis al derroche de contiendas.

De **MADRE SELVA**

Trilce, Salamanca (2002)

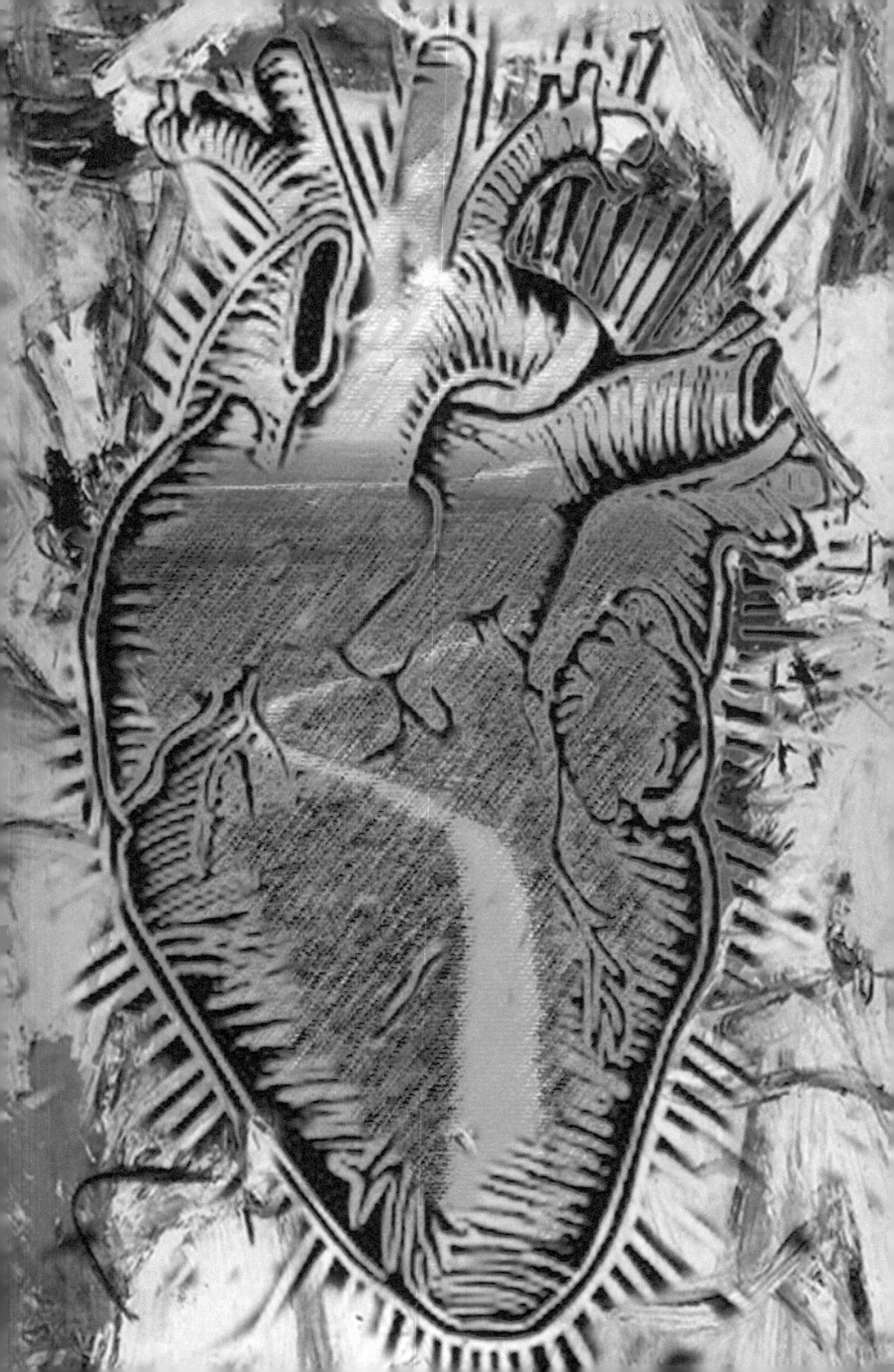

SOLILOQUIO ANTE EL RÍO AMARUMAYO

Vivimos un tiempo que parece breve,
pero que crece y suma.
Y así, casi consumidas
las revelaciones, casi abrumado por rachas
de un amor que ordena sombras y despojos,
caigo de rodillas.
No hay tregua: surgen
alegrías que el recuerdo enciende, flores
suntuosas, señoras y señores, parientes,
ciudad y selvas repitiendo ecos,
instantes huidos de lo que muchas
veces fui.
        No hay tregua en la resta de horas
principales. Casi pálido, casi intuyendo
la continuidad que se avecina, caigo
de rodillas mientras ocurre, tres veces
caigo mientras se calienta la tierra mía
y me dona efluvios de clorofila.
Podría morirme
de ternura en este instante, dejar
el lagrimeo
para otro viaje, cubrirme
con hojas de plátano hasta que huya la vida.
Pero
me quedaré a ver qué sucede de pronto: si

el viejo castaño vuelve a florecer,
si se aviva la esperanza de los lugareños,
si el crepúsculo violáceo desliza
otra forma
de paisaje.
Toda sagrada intimidad
tiene complicidad de la memoria.
Sobre
las palmas de mis manos pernoctan luciérnagas
con su mundo luminoso, libélulas
temblorosas y hasta un picaflor aleteando
asombros.
Sí, es cierto, no hay tregua
cuando se retiene lo crecido bajo este cielo. Sí,
es cierto, mi tierra desde el aire
es una verde extensión con ríos visibles
e invisibles. Pero también hay poblados sin ayuda,
niños y hombres exhaustos, niñas en tal agonía,
mujeres que conciben y conciben.
El propio calor
es imán de la carne y repite desnudos y caricias.
Pero
no soy dueño
del futuro,
pero como hombre amo y soy generoso y no olvido
a quienes mal gobiernan mi terruño, despiertos
cuando las elecciones, dormidos cuando
triunfan: ¡Arre, arre, arre!

¿Qué manos manchadas veo? ¿Qué promesas
preparadas para el olvido oigo?
Pero,
¿quién soy yo
para reabrir heridas?
Carreteras por allí, océanos por allá, puentes,
puentes, proyectos que se escriben y dibujan,
asfaltos que posiblemente no verán mis ojos.
¡Tanta prosa envejecida!
¡Tantos discursos que no se entienden!
Tuerzo el cuello a los proclamados
y a los pavorreales. Y les recuerdo su grotesco
oficio.
Lo que llega de inmediato ya no son
esos aires amargos.
Lo que llega de inmediato
es el amor que brota de las gentes.
Lo que llega
de inmediato se escribe con lapiceros
antiguos: "Repite su mundo
quien lo cuida en el espíritu".
Así que aquí estoy
con lo mío, dando vueltas, intentando
revivir lo bien vivido.
Soy catador de esencias cotidianas.
Soy cazador que avanza, que invade lo nombrado
con palabras de homenaje.
Cumplo los cuarenta con gozo total,

embriagado por jarras de masato
fermentado
en la boca complaciente de la vida.
Cumplo los cuarenta y ocurre este soliloquio,
esta afirmación, este salmo que se envuelve
en el alma.
Si quisiera
exhibiría sapiencias, diplomas
y otros frutos de tenaz aprendizaje.
Pero no.
En este nuevo nacimiento
sólo enseño lo que me es propio:
aquel reino de luciérnagas
o esta doctrina feliz del que mucho debe
y ofrece que coman de su plato
y siente que dulcemente el corazón se empapa
con locas alegrías y largas sombras.
Tiempo de solicitar hamacas para mecer ausencias.
Tiempo de barrer hojas secas y fatigas.
Tiempo de aplicarse bálsamos sanadores.
Larga fue la travesía por espejos del agua
y penumbras intraducibles.
Inmensas fueron las ciénagas
y trincheras traspasadas.
¿Dilapidé la ilusión del caminante?
¿Qué puedo decir luego del trecho recorrido?
Se alzan vestigios escritos en el polvo del camino,
en códigos y centones, en papeles

que algunos leen.
Pero no llegamos a nada. Nadie llega lejos
porque el Tiempo nos consume en su horno
      victorioso.
¡Fuera las imposturas!
Soy el testigo que no mutila su sonrisa,
el hombre dispuesto a que el pecho se le estalle
si extravía el amor, el beso de la tierra
o la ilímite comunión con el territorio exacto
del origen.
En esta renovada aventura
debo quebrantar reglas que barnizan
el artificio.
Es de rigor volver
con el asombro jubiloso
de la infancia.
Las palabras endebles se sostienen con tamishi.
Las palabras reumáticas se curan con ishanga
      colorada.
Las palabras famélicas se alimentan con tacacho.
Las palabras ebrias se maceran con chuchuhuasi.
Las palabras se expresan con cautela:
podrían parecen el anverso de lo real;
podrían no dejar germinaciones deseadas.
Lentamente
me embadurno con la humedad del aire,
con la dimensión que no se oculta,
con la tierra caliente que me hunde en alabanzas

mientras caigo de rodillas, tal como caen los viajeros
extraviados cuando encuentran un oasis.
¿Dónde guardan sus brillos los recuerdos?
¿Dónde trepan las orillas de otros tiempos?
Ese lugar no tiene nombre todavía
aunque reposa en el cuerpo entero
y se suelta en los sueños
y danza con sus contornos de almíbar
por el fondo de los ojos
o por vetas coronadas de la memoria.
En el corazón de todos está el agua del aire.
En el corazón de todos está el pueblo y el paisaje.
En el corazón de todos está la voz que convoca
a ese mundo escondido entre las llamas de los días.
A corazón abierto el mundo amado no se escapa:
acontece, se justifica, nace lento desde un río
   invisible
que trae espumas y hálitos de embriagada naturaleza.
Vuelvo a mirar árboles indultados
que resisten como viejísimas tortugas.
Vuelvo con mi verde acento intacto
y me sé quedar lleno de angustia
si pienso en el Ártico y el Antártico,
en islas de las antípodas que la marea va cubriendo,
en su vital dependencia de estas selvas.
Aires para el mundo entero descansan aquí,
con sus purezas y alocuciones.
Aguas para el mundo entero discurren por aquí,

bajando en silencio desde las cúpulas andinas.
He sentido el clima herido
y tengo idea que no aprendemos.
Ya todo
se oscurece
y voy veloz entre palabras definitivas.
Este año a las águilas les sobra miedo
por el desmonte de la selva.
Este año tigres y picuros van cayendo
en demasiadas trampas. Tan aprisa
se imponen las rotundas mentiras del desarrollo
mientras sigue el abandono del hombre.
Y yo, aquí, de frente a la realidad
de la muerte.
Unos pocos vecinos llegan
a escuchar mi canto. Tan dulcemente se acercan
que caigo de rodillas y desperdigo ofrendas
en la sementera del devenir.
¿Importa lo demás?
¿Alguien preguntará qué golpea mi corazón?
¿Quién irá conmigo hasta el cañaveral del río?
¿Qué ángel o amigo se vuelve olvidadizo
y no me reconoce y me niega el chapo caliente
del desayuno?
Por otra parte,
y a esta edad que me resiste,
los días callan como lenguas vencidas,
las noches se inundan de sonidos,

la casa de los sueños muestra sus destrozos,
los padres aparecen con devociones,
querencias y albores de fiesta,
los hermanos menores se cobijan en mis huesos,
las hermanas ofrecen al mundo sus niños
resplandecientes...
Volver es vivir otro renacer,
desatar blandos poderes,
habitar sombras ramificadas
donde ecos te salvan, donde escuchas
ruidos pequeños y gentes sin mordaza.
Lentus in umbra,
como Títiro,
pegado a la sombra vuelvo,
vuelvo tarde, lo sé,
pero con pasos no vencidos
y en paz con todo el mundo.
Oh infancia de aserrín,
oh río Amarumayo
donde pesco sábalos,
donde al sol me baño,
¡moja mi epidermis,
bendito río de la vida!
¡inspecciona mis llagas!
¡acuérdate un día más
de este hombre ausente!
Humildes conjuros alejan
de mí boas y caimanes

cuando llegan loros
atraídos por mis oraciones,
cuando el agua turbia
se hace azul conmigo.
Río lento de mi amor,
vuelvo al requerimiento
de tu caudal secreto.
Con las lluvias enjuago
el tiempo alucinado.
Con tus aguas alimento
helechos que llenan espacio.
Los nubarrones no impiden
que descubra lo que es mío
en el barrial de tus orillas.
¿Mas cómo nombro ahora
las hojas tiernas y las guabas
que se desgajan de la arboleda?
¿Cómo expreso mi alegría, cómo
cuento esas intensas estrellas
que veo reflejadas en los ojos
del pájaro perdido que me mira?
Abdico donde se encuentra todo
aquello que rodeó mi corazón:
lecciones de colonos, imprescindibles
crepúsculos, amarillos intensos
del aguaje, vastas inundaciones,
sonrisas remansadas de la madre,
limones flechados en el aire por

Ramayo, curaca de los huarayos.
Abdico antes de otro amanecer.
Abdico de tronos inconstantes
y floto en el río que me llevará
a tierras bolivianas y brasileñas
envuelto en el lenguaje apacible
de sus aguas.
Oh fondo
primero de los días,
vengo de muy lejos para desvelar
emociones que esplenden
en mí desde que existo.
Esta
victoria
es la única
que reclamo.
Luego pueden darme poca luz, poca luz,
   pocaluz...

PASADO

Digo de mí que con las lluvias
crecí como las vegetaciones.

Después fui tanteando instantes,
sintiendo de a pedazos,
todo hondo en la reflexión.

Vi lo que existe y lo que no,
y me conduje con cuidado.

El corazón se me fue ajustando
al privilegio de una forma de vida.

Sin fatiga, los mitos tomaron asiento
en mi imaginación.

Ningún triunfo, salvo
el acreditado amor de los ancestros.

Ningún fracaso, salvo
pequeñas injusticias.

Digo de mí que fui canto rodado
por ríos de otra realidad.

Digo de mí que lo telúrico
me imantó a los blancos cabellos
de la Poesía.

LUCIÉRNAGAS

Me acerqué al encantamiento.

Vi farolas al crepúsculo,
mecheros encendidos como fuegos
aleteados.

Dádivas volando, centellas
delante de mis ojos.

Fue en el tiempo de la infancia.

Fue cuando se tejen asombros
ante la luz de las luciérnagas.

ARBORESCENCIA

Esta arborescencia que en mí habita.
Estas savias irrigando
para siempre.

Ha de ser así,
sin repliegues del horizonte interminable
de la propia esencia.

Ha de ser así,
como quien vive menos si olvida el camino
que lleva hasta su pueblo.

Ha de ser así,
porque hay un puerto en la selva
que pone en pie mi pensamiento.

Desde allí,
desde esos vivos ramajes, sigo recibiendo músicas
despaciosas y miel de abeja
mezclada con copaiba.

Esta arborescencia que en mí habita.

Este ayer de ojos asombrados.
Este hoy consumiéndose en los ojos.

Más calofríos, más hojas temblando,
más raíces que se abrazan
a mi alma.

No dejaron cazar a Don Luis Sanihue

No dejaron cazar a don Luis Sanihue
en el territorio que conmemoraba
sus latidos.

No lo dejaron entrar.
No quisieron que buscara comida.
De pronto las leyes protegieron al turista
y no al nativo; a las petroleras y no al poblador
del bosque; al animal y no al hombre cuya etnia
por siglos se sirvió de fauna y flora con prudencia.

Vienen y van,
mostrando vergonzosas licencias, aquellos
saqueadores de especies y pócimas ancestrales;
pero el guardabosque comunicó a Sanihue
que ya no tenía ningún derecho a mitayar
sobre el suelo de Tambopata-Candamo.

El mundo está al revés, se dijo.
Colgó arco y flechas
y se dejó morir
de hambre.

PRESAGIOS

A lo lejos,
a la altura de las ramas estremecidas
por el vuelo silencioso del colibrí,
ofrecen su buena nueva
los presagios.

Crece algo así
como un humo que el viento
no voltea.

Leo en el gran cielo
un mensaje hecho de miel
y de ceniza.

Enardecidos amaneceres
abren senderos para el retorno
emprendido.

Por mis venas ahora vuela
el colibrí.

Palizadas

¡Y qué me dirán ustedes
si les cuento que vi pasar palizadas
cargadas de achunis y trompeteros!

Pasaba lentamente alguna palizada,
con esa serpiente sólita soleándose
en la rama del renaco partido por un rayo.

Caían lluvias torrenciales
y el gran río bajaba crecido, arrastrando
troncos que guardaban el canto de los pájaros.

¡Es el padre invierno quien empoza los bajíos,
barre lo que quiere y lo deposita
en ríos y quebradas!

Volaban pihuichos sobre árboles a la deriva
y semillas flotando hasta podrirse.

Cosas así se veían pasar lentamente.

BALSEROS

Esta madrugada se oyen voces
por la orilla del río.

Los balseros meten su tángana en la greda;
impulsan troncas aguas abajo,
hasta el aserradero de Maldonado:

"¡Ey, Amasifuén, coloca recto el remo de cola,
puede que estemos cerca de un remolino!"
"¡Oye Lagarto, alumbra rápido, carajo...!"

Los dejo entre sombras y neblinas,
demorándose en sus afanes, galopando
sobre troncas, silbando como ayaymamas.

Esta madrugada muy lentos me llegan
los sueños.

SELVAS DESTAPADAS

Troncos quemados en el fuego de los días,
hachazos cayendo en maderas apetecibles,
sierras talando el corazón del monte,
su sin igual vestimenta.

Tal vez en pocas décadas
ya no queden árboles de caoba,
ni paujiles ni osos hormigueros...

¿Voy a seguir contándoles de incendios,
de cielos de ceniza, de selvas
destapadas?

Resuella mi tristeza ante el destrozo
de tanta vida desprevenida.

PETICIONES

Pedí constelación de pájaros
y en mi entorno revolotearon picaflores.
Pedí aromas esparcidos en mil 962
y por el aire se cruzaron parabienes.
Pedí peces, lagunas de orillas gredosas,
y las aguas aumentaron sus compartimentos.
Pedí familia y copiosas bienvenidas
fluyeron desde selva adentro.
Pedí inmensa creación y allí me expuse
a magnos presentimientos.
Pedí textura de la noche y el ámbito ciego
no eludió saludo tan infalible.
Pedí mansa luna y sus ejes permitieron
que mis ojos acariciaran lo silvestre.
Pedí Madre Selva y el mundo fue más leal
con los hombres apegados a la tierra.
Pedí puntos cardinales y el horizonte
se hizo himno, vigorosas pulsiones.
Pedí naturaleza como se pide revolución:
surgieron filiaciones imprescindibles,
alegatos iluminando trayectorias vitales,
succiones de afectos y de tiempos
que se maceran en el próspero corazón
de quien asigna amor a la gente viva
y a los lugares del recuerdo constante.

CRIANZA

Próximo a la selva inmensa,
próximo al pulmón permanente
de lo que no tiene límites.
Así me crié.

Todo tan verde
en una plenitud indisimulada.

No conocí puntos finales
y sí acentos de hombres llegados
desde diferentes lugares del planeta.

Quizá esa pluralidad hizo grande
mi mirada
ante la costra insolidaria.

Quizá lo no olvidado
sea la selva y su fragancia.

Glosario

Achuni: omnívoro emparentado con el mapache, de allí su larga cola.

Amarumayo: río de la serpiente o de la culebra. Voz de origen quechua. Ese era el nombre antiguo del actual río Madre de Dios.

Chapo: plato preparado con plátano de cocinar bien maduro y luego machucado o licuado con agua o leche. Normalmente se come por las mañanas..

Chuchuhuasi: árbol que crece en zonas altas. Tiene la corteza exterior de color amarillo. Hervida o macerada la misma,

Copaiba: árbol de gran tamaño cuya resina es olorosa y se utiliza para curar el asma, úlceras o cólicos, entre otras afecciones.

Guaba: fruto del guabo, árbol de la familia mimosáceas, de tronco delgado. Esta fruta es una especie de vainita alargada de entre 50 a 80 centímetros, en cuyo interior hay unas semillas recubiertas por una carnosidad blanca como algodón, de un sabor dulce y agradable.

Huarayo: (o guarayo) etnia amazónica de la familia Ese'Ejja. Viven principalmente en Palma Real, El Pilar, Sonene, el río La Torre, Infierno y Chonta.

Ishanga: ortiga. Arbusto que crece por las chacras y

cuya decocción se utiliza para el reumatismo, dolores de cabeza y cólicos.

Madre de Dios: Departamento peruano creado el 26 de diciembre de 1912. Tiene un territorio de 78,402. Km.2. Es región amazónica fronteriza con Bolivia y Brasil. Su capital es la ciudad de Puerto Maldonado, fundada en 1902.

Masato: bebida alcohólica que se obtiene de la yuca masticada o rayada que luego se deja macerar varios días.

Mitayo: piezas de animales cazadas en la selva. El mitayero es el cazador que generalmente realiza su oficio por la noche.

Picuro: roedor de tamaño mediano y cuya carne es muy apreciada. Tiene un cuero y una grasa bastante gruesa que le asemeja al cerdo.

Pihuicho: variedad de loro pequeño.

Sábalo: pescado de carne agradable y grasosa.

Tacacho: comida típica de la selva, preparada con plátano verde machado en el pilón conjuntamente con chicharrón de cerdo.

Tamishi: planta que trepa por los troncos de los árboles y que luego deja caer sogas delgadas, muy fuertes. Se utilizan para amarrar vigas y para hacer cestos.

Tangana: palo utilizado para impulsar canoas o balsas, hundiendo una punta en la orilla del río. También se le denomina botador.

De **Cristo del alma**

Verbum, Madrid (2009)

En nombre del hijo

I.

Descorázame el corazón hasta degollar el lagrimeo
de mi redonda pureza que no levanta en vilo al
      mundo
ni apacigua barbaries con su temblor descuartizado,
con su mortal maestría para estar en duelo a media
      asta,
yendo y viniendo de miserias más largas que el
      infierno,
recibiendo directas pedradas en apariencia
      incurables:
palabras de piedra no quiero mientras cuelgo mi vida
en la tuya, en tu eternidad que debiera ser el centro,
en el rebaño que a veces olvida la historia de tu voz
haciéndose lengua, amor sin tregua como todo
      misterio
que es milicia para rehilar células sin brújula, altares
de lo completamente muerto o reliquias en gestación
desbautizando al siguiente inmaduro para el vuelo.

II.

Adviérteme si mi corazón no amanece en su sitio
y no sabe defenderte con toda tu realidad posible,
como un fariseo que sólo merodea el alto domicilio
balbuceando frases sordas tan pudriéndose de pena.
Nútreme con tu antigüedad que no es estrella ciega,
con el éxodo que es magnífico limpiador de vanidad
y espejo de caminantes que salen por enésima vez
por donde señale la nube o el alma ahíta de infinito,
al tanteo hacia la aguja de coser de tus parábolas,
de tus pasos que descuajan injusticias, de mi
         salvación
que nace en tu cicatriz donde hállome sin telarañas,
consagrado al Todo del tiempo maravillado y a la
         Parte
inocente de exigir que a nadie falte el bocado de hoy.

III.

Señoréate en mí, Hijo cuyas señales me cristianizan;
y condéname a cadena perpetua si veo y enmudezco,
si oigo fogosas soberbias y el interés me compra,
me vende, me prostituye sin desmayo, cautivo del
      lujo
procesionante, embotado hasta hacerme el dormido
que religiosamente cumplió con su cuota de aleluyas.
Ábreme tu silencio para recogerte la sangre
      resistente
y cantar un salmo desconocido por el mísero pesebre
que sigue abrigando tu larga misión a la intemperie,
misión mía y de cualquier hermano humanísimo
que atisbe el otro lado del vientre de los necesitados,
gargantas ubicuas apurándose a tragar restos del
      festín
de quienes delictuosamente dicen ignorar tus hechos.

IV.

Desclávate bajo la empalagosa lista de
	especificaciones:
que antes de abrir sus labios prueben lo que
	deshincha
el papel mojado y el contrabando que temprano
	aconseja
sin mostrar obra, afanosos como están por los
	caudales
y por el palo puntiagudo que mueve soldados de
	plomo.
Aparta de mis mañanas al puercoespín y a sus
	cuervos
pinchando mi cuerpo sin previo aviso,
	imperturbables
en su fervor de pantomima, acaramelados al ruego
	sin acto
y a la letra sin fatiga, rebuscado aislante para echar
	tierra
por medio, sin panes ni peces que repartir entre la
	gente.
Corajoso nidal el tuyo, tejido hasta la raíz de la
	coronación
todavía lacerante, emparrada a los que han de
	resucitar
tras tu viento seminal, repentino más allá de la
	escafandra.

V.

Respóndeme sílaba a sílaba sin que se atasque el eje
y que tu espíritu are en mi corazón un surco de
    ternura,
echando el abono que convenga a las rosas y al
    patatal;
que are a fondo para obtener floraciones rojas,
    almendras
donde tú sobrevivas más presente que futuro,
    guardador
de mendigos cuya bondad parece una hélice de
    diamantes.
Hijo-niño, Hijo-anciano, Hijo-sombra: llueven
    calumnias
como un disco rayado, puntual hasta la exasperación;
llueven palabras desde bocas cariadas de iniquidades:
los espantapájaros no dejan llegar hasta tu pobre
    cuna
que nunca fue de pan de oro ni rebosó tupidas joyas.
Despiértame, tú que no tuviste donde reposar la
    cabeza,
y abrígame ante codificaciones o mármoles sin
    memoria.

VI.

Rebélate como en el templo de las opacas ofrendas;
rebélate hasta pesarnos en tu balanza fiel y decisiva.
Los niños muriéndose de hambre: esto no puede ser;
o sí, porque muchos doblan el bien en pos del
      exceso:
olvidan que los niños se encargan de masajear tu
      corazón
y darle eternidad con su corazón inocente en todo
      lugar
del reino que nos gana, que nos vuelve, que nos
      entra
en este día sin niebla negra pero con grandes flores
      celestes.
Tú me miras cuando median los vencidos:
      quedábanse
en mis pulmones con sus brazos abiertos,
      oxigenándome
mientras pernoctaban contigo y conmigo a la
      intemperie.
Acostándome en la cuerda floja estoy, con mi
      discurso
desangrado por la abundancia del caos: preciso ser
      humilde.

VII

Enmiélame angélicamente y átame a tu senda polvorienta,
de misión en misión hablando más despacio, sin eclipses
en la significancia: toda pesca hágase con amor clarividente,
pues tú eres agua y trigo, unánime ejemplo en las travesías,
hermano que sale del desierto para calmar a los sedientos,
después del hondón en línea recta, antes del sorbo de luz
para quitarte dos mil años de encima, justo ahora idéntico
con los cabellos al viento y rotas las sandalias: unas retamas
te paso por las rendijas del misterio, crucificado yo por ti
cuando no me avergüenzo ante los tramposos: respondo
con seguridad aunque me enseñen la primer mortaja mía
o tuya o de la alta espera. Copiosa fuerza triple desplegada
en mi debilidad o en mis venas amarradas a tu destino.

VIII

Enlístame para trasplantar tus recuerdos, Dios
    viviente
no tan sólo de nosotros ni de ellos, ni de los que
    subrayan
textos o te niegan sin distancia y sin amén: hay que
    caer
para que todos pidan tu mano a contraluz de su
    silencio;
hay que extraviar el amor para sentir la noche
    desplomada
haciendo palanca en la carne verbal de las
    transgresiones;
hay que faltarnos la muerte para ascender de nuevo,
    renacer
cual niño extranjero encontrado para la perfecta
    comunión,
en medio de la calle, creando un nuevo mundo,
    esperando...
Enlístame, Niño-anciano discente de la mística
    caritativa
que retorna amor para que así no desaparezca la
    desnudez
de las cosas buenas del hombre: acierta en mi
    corazón,
devora mi máscara y regálame cumpleaños de
    asombro.

IX.

Compréndeme, galileo hermano, en cada paso gestante
que doy por este continente aconteciéndome en la espalda,
en mis dos corazones bisnietos de Belén a cuyo fondo voy,
tocando puertas sin consignas, encendiendo candelabros
para que otra vez sea posible verte en un amanecer amarillo.
Te reconozco y te saludo debajo del polvo: leo el pasado
de tus reducidas posesiones. Yo, extranjero muy próximo,
acampo en tu espíritu, lejos del sarcófago de los ídolos.
Y manteo las aguas, en marcha hacia la penúltima morada
donde diluiste estatuas de sal y pactaste con mi silencio.
Un clavo en ascuas conmina a la desunión, pero seguimos
por el prestigio del padre y por el destierro de mis huesos:
un viento sedoso zarpa y cabecea el manzano del alma mía.

X.

Ayúdame a ayudar todas las jornadas puertas afuera,
disciplinando la magnitud de mi entusiasmo
      silencioso
de la tierra a la tierra de tus pisadas distintas a las
      otras,
pactando contigo el invierno que habitamos, la
      Navidad
que pesa en el espíritu de mi presentimiento, en el
      tórax
de mi filiación hurgándome con su filuda estalactita.
Enrollaré las leyes para que no resulten cual
      pesadillas
o un futuro sin futuro: en esta concesión no se
      posterga
ni se traban las mandíbulas. Allá con quien pestañea
sus perjurios o pasa de puntillas ante la indigencia
      ajena.
Allá quien no desvía su ración hacia la boca de los
      niños.
Ayúdame, hermano, que hablo a solas en tus
      aurículas.
Ayúdame, hijo de las esencias: cumplo horas de
      guardia.

De **Memorial de tierraverde**

(Lancom, Lima (2014))

EL TORO ENCANTADO

Quizás yo sólo sea el reverso de una sombra
o la figura revelada bajo el último relámpago
sobre el paisaje de mi heredad,
allá donde estaba soñando el porvenir
montado sobre un toro tan antiguo como el amor,
más acá de la altura del barranco de los aguajales,
emplumado con calendarios que ignoran
la desaparición de tan verde lugar.
El toro es lo único que me resta de aquel paraíso.
Voy por sendas sobre tan noble animal
cuyo rugido es como rememoración del
        encantamiento,
de todo lo que era posible entonces,
cuando cielos y bosques ensanchaban mi corazón.
Quizás mi destino se fraguó alrededor del toro
cuyas fuerzas no flaquean por su cuero
resbaloso de presagios.
Pero todo se confunde en la ceremonia
que dentellea lo dichoso entre árboles ululantes
al sentirme volver tras larga ausencia.
Quizás en otra época mis pies trazaron la trocha
de libertad por la que me lleva el animal.
Al final del camino, el toro parece comprender
el mucho secreto de mi tristeza. Sabe de mí,
pues él mismo se grabó mi nombre en su frente.

Quizás yo sea ese toro que recoge las sobras
del festín y entierra las patas en el suelo
de su antiguo paraíso.

SELVA DE HOY Y DE MAÑANA

Tenemos el gozo
y la agonía balanceándose
en la memoria,
suelos arrasados, árboles humeantes,
frágiles orquídeas brotando.

La misma belleza es casi nada
si van mutilándola.

Por los aires el olor de los incendios,
la premonición oscura.
Dentro de las aguas el veneno,
como anticipo de lo fatal.

Oh selva nuestra, ¿cómo quitar
los arañazos de tu dermis,
harta de calamidad y latrocinio?

¿Mañana, cuando acabe
el desenfreno, aun podremos verte?

A todo tu cuerpo ponen precio
y pugnan por plusvalías,
cual laberinto de ambiciones.

Amazónico confín, ¡no
deseamos que estés bajo la acción
de la cadaverina!

Querámoste hoy
para que el mañana no te hiera
o despedace.

CRÓNICA SORPRENDENTE DE LA ÚLTIMA NOCHE ENTRE LOS MASHCOS

Hueyyunda yakuatey,
huahuakyunka

Vete lejos,
ave feroz.

:: En lo oscuro
una luz se reordena
ante mis ojos y teje la faz
de los ausentes ::

I.

Era la noche del Chinduteumankaeri,
el brujo que instigaba a los malos espíritus
para lanzarme flechas envenenadas
con sus fuertes brazos invisibles.

Furia marrón el lenguaje de las lianas
alucinógenas, violentos remolinos
dentro de mi cabeza, escupitajos de discordia
pretendiendo desnudarme el alma,
corriendo fuera del cuerpo...

Yo mismo me veía metido
entre serpientes de mortales venenos,
corriendo por bosques oscuros con aves agoreras
reproduciéndose hasta la desmesura,
esquivando caimanes que alzaban
sus fauces a la luna...

II.

Era la noche del Uaitemankaeri,
el chamán que quería enfermarme recogiendo
mis pisadas, cociendo esa tierra con hierbas,
resinas y sangres de mono y carachupa.

El tambo olía a masato y a carne ahumada
de huangana. Parecía que los malos espíritus
querían echarme del mundo atropelladamente,
contaminándome su oscuridad, corroyendo
con su tísico aliento el encanto de la vida.

Yo mismo me veía siendo víctima de un fuego
lento chamusqueando mis cinco sentidos,
enmarcándome en negruras de desespero
mientras hacían maleficios frotando
amuletos con la panza del sapo chifuemui
y sacrificaban a una niña por temores del brujo.

III.

Pero también era la noche del Huamandakaeri,
el chamán que sanaba con plantas medicinales,
el que azotaba con la ortiga llamada isanga,
echando humo de tabaco por mi cuerpo entero
y chupando la piel enferma, mientras cantaba.

Esta vez sus conjuros a Huarikurat, el hombre
que vaga por la selva, le dieron resultado:
sus gritos y soplos, sus manos, habían arrojado
al bosque todos los males de mi cuerpo.

"Hijo de Guatoncipo" -me dijo- "sube tu espíritu
al árbol de la vida, y en el Wanamey espera
que eche a los chamanes que hacen maldad.
Bebe esta ayahuasca preparada con chacruna
y hojas de toe. Ten en tu mano mi tayampi
adornado con plumas de paucár y guacamayo
y, cuando te encuentres con los espíritus
benéficos, les dirás: he llegado".

Yo mismo me veía entrando a un mundo
extraterreno, al Seron-Jaive, al río subterráneo
donde están instalados todos los muertos,
quiero decir las almas que el loro Yonka
deja pasar si ofrecen algo de yuca.

IV.

Dije: "He llegado", y entonces pude ver:
ahí el abuelo enjebando ponchos
mientras retumbaban los truenos de Yuperak;
ahí la abuela fumando deprisa bajo Eju,
el aguacero, en cuyas entrañas viven los maschos
que muy arriba se refugiaron del fuego;
ahí el tío Antuco embreando su canoa de cedro
para ir hasta la cabecera del río Colorado;
ahí Cameno, de donde acaba el Inambari, cantando:
"¡Tengo mujer para el amor, hai!,
¡tengo mujer para el amor, hei!,
¡echada en el suelo de pona
me espera mi Tojo para hacerme feliz, hei!";
ahí el tío Jaime hablando las muchas lenguas
de las tribus del Alto Madre de Dios;
ahí la bisabuela Encarnación Mendoza
dándole pésimas noticias a don Domingo;
ahí el abuelo Pedro tomando cafezinhos;
ahí la tía Albina Iberico, desangrándose…
ahí, justo ahí encontré con mi otro yo,
remojándose sus heridas, diciéndome:
"Calma, hermano del alma, ya todo pasó.
Ve y ten buena relación los que te quedan".

V.

Con gratitud, alzando el tayampi que me regalara
el Huamandakaeri, me despedí, diciéndoles:
iji-uai, me voy, iji-uai, me voy...

La mudanza del encanto

Tenige ineginteigaempa matsigenkaegi
onti iposantegisevageiganaka

La gente ya no se porta bien,
sino que hacen toda clase de maldades

:: Consistencia de la destrucción
en los suelos llagados
tras el furor del oro
y demás depredaciones ::

I.

Allí donde era mi alegría,
hoy parece un aledaño
de Marte.

La destrucción es veloz
y no tiene ninguna pena.

Fácil es herir lo indefenso,
mutilar, destrozar
con tenacidad de verdugo.
Y siempre una draga
o un aserradero
tras lo devastado.

Vano intento de comprender
esta realidad atroz.

No habrá bosque
que sobreviva
si van por libre los feroces.

II.

¡Aguas contaminadas
que no sé cuánto resistirán
al azogue!

¿Por qué tal hostilidad,
tales rituales de espanto?

La voracidad consume
el lecho vegetal
con demasiadas complicidades.

Sin quitar dolor a mi corazón,
camino entre cráteres
y a la sombra de un cielo
de cenizas.

Siempre el lenguaje del humo.
Siempre las dragas tronando.

Grito, pero nadie quiere oír.
Clamo, pero nadie
me escucha.

III.

¡Que alguien venga!

Estoy
solo, con una flor
en la mano y una libélula
revoloteando mi cabeza.

¡Se arrancan o queman
las raíces que crecieron
en mi corazón!

Ah compañeros,
¿acaso habrá alguna
escapatoria?

Yo pertenecía al verde
legendario,

pero hoy lo sombrío
preña y daña.

¡Vengan, pasen a ver
el escombro de los bosques
destrozados!

IV.

Parecerá extraño,
pero se esfuman las aguas.

¡Oh árboles sin fruto,
tan resecos!

¡Oh peces muriendo
sin hacer ruido!

¡Oh suelos endurecidos
y pájaros con sed!

Tiene fuego el aire
y tardan las lluvias.

¿Qué del otrora frondoso
bosque?

V.

Se confunden mis pasos
entre los árboles
arrasados por el fuego.

¡Oh tiempo sonámbulo,
tiempo de oscuridades
provocadas!

Solo chillidos carga, como
música, el aire.

Estoy a la hora del ocaso,
recogiendo animales
a manos llenas.

Este abuso no es por
necesidad.

La selva cae.

Las semillas están huecas
y los nidos,
vacíos.

VI.

Selva mía,
amaneces más frágil,
con tu cabellera
en llamas
y tus venas envenenadas.

Quisiera curarte
como a una inocente niña,
regarte con rocíos
de la primera dulzura
del existir.

Me retornan los mitos,
pero es más fuerte
la mortaja de los días.

¿Cómo ponerte
esparadrapos, como parar
lo que te aniquila?

VII.

Hoy cazaron un tigre
porque no oyeron
las campanas de hambre
que colgaban
de su cuello.

Dura es la existencia
para unos y otros.

Pero ¿qué se hará
cuando falte su rugido
natural?

¿Quién rugirá a quién?

VIII.

Un rumor de motosierras
que no conoce
ni el día ni la hora,

que gira ebrio
sin abrazar al árbol,

que hace desaparecer
especies,

que descompone el paisaje
hasta que no le queda
ni la sombra.

Al cedro y a la caoba
yo les llamo

"Hermosos Árboles
Muertos".

IX.

Loros ahumados,
sin ramas donde refugiarse,
animales tiroteados
no por el hambre de la gente,
bosques talados...

Protesta la selva
y lo más lejano se derrite,
se desgaja en montañas de hielo
a la deriva...

Me siento atravesado
por ambiciones,
por palos secos de miedo.

Sufro por la extremaunción
de mi selva.

Ardo por esta locura
que no descansa.

X.

Surco ríos que me conducen
a lugares intactos,
todavía.

Los voy elogiando
(y escondiendo)
para que nadie los desnude
o prodigue hachazos
sobre ellos.

Pero pasan grandes troncas,
aguas abajo, bien lejos.

Para esta tierra que pierde
su verde, mi corazón ordena
coronas de sepelio.

Y en el sueño un
viejo machiguenga
no se cansa de repetirme:

Ikamake kipatsi.
Nokenkiakero
Mi tierra se murió.
La echo de menos

Fuuuuuuuuuuuuuuuuuuuuuu

(Un escalofrío me despierta
y no sé si voy
o regreso
de una cruel pesadilla).

De **LA VOLUNTAD ENHECHIZADA**

Verbum, Madrid (2001)

LLEGADA

Abro los ojos
y desamarro los límites
a dos mundos que comienzan
en el lugar exacto de la ausencia.

No sé si todo es adiós
o si las capas de luz y de sombra
fraccionan el horizonte ubicuo.

Pero esta vez me corresponde aprender.

El justiprecio a pagar no es la prisa
sino las derivaciones del punto de amor
del joven que despierta en una ciudad lejana
y deletrea los asombros
y adapta su razón a la nitidez
de las palabras.

Abro los ojos para trazar el itinerario
que alimenta al corazón.

Aquí encontré un último rincón
donde me he demorado
tramitando el estatuto de las germinaciones.

Conviene resistir,
contagiarse del drenaje de eternidad
que se levanta cuando presentimos poesía.

Y es que todo fulgor necesita de un cielo
        inextinguible
y de una voz de fondo que le vaya dictando
los perfiles de la ciudad unida a su destino.

Aquí empieza el espacio maduro para los sueños;
aquí la vida va creando seguridades
aun en las escarapelas del fracaso, aun
en las densas oscilaciones del olvido
o en medio del dolor que nos va pesando.

Entonces,
como un aprendiz de perspicaz entendimiento,
abro los ojos para redactar los fundamentos
concernientes a la vida y a las moradas de luz
de un territorio íntimo de la vieja Castilla.

Después, cuando ya sólo sea huesos o ceniza,
puede que este legajo de palabras fieles
me siga religando con la visión de lo querido.

SANTO OFICIO

Con los ojos del amor
y la voz purificada por el tiempo.

Así la entrega de los dones,
el alcance de la ciudad
que
—como guía—
ofrezco a los visitantes.

Pero siempre oculto algún tesoro.
No quiero que manchen nuestra mesa
al servirse a manos llenas.

TORMENTAS DE MAYO

Al comienzo la lluvia enseñaba sus tiernos
pezones de doncella.
Luego, el frenesí
y la vastedad de las aguas
se desplomaron sobre la sedienta campiña
        salmantina.
La noche que comento fue de una clara vigilia
desde los cristales. Una simple silla
y la mirada puesta sobre el río, la isla de los frágiles
arbustos y las laderas más lejanas. La mansa lluvia
de la tarde se había transformado en aguacero
y un concierto de relámpagos iluminaba
las oscuras nubes del techo de los cielos,
ofreciendo quejumbres para ordeñar la inmensa
        carga
que hace brotar la vida.
A cada nuevo destello seguía una precipitación ciega.
En esas altas horas nadie habitaba el espacio de mi
        mirada:
sólo el agua que suscita el regocijo
y los rugidos del esmeril activado por algún dios
        benéfico.
En la madrugada seguían cayendo los dientes de la
        lluvia,
estampando en los cristales su húmeda escritura.

Entonces me encomendé al sueño,
sabiendo que los campos darían pan para los hombres
y miles de flores para el banquete de las diligentes abejitas.

TESTIMONIO DEL HECHIZADO

Yo solía cantar en la penumbra de los días lluviosos, convirtiendo mis pulsiones cotidianas en un eco sin fondo que colmaba de gratas melodías los rincones no visibles de este paraíso.

Nada detenía mi canto, pues la fluidez del aire — subiendo desde el río con fragancias de tiernos helechos— refrescaba a la ciudad y a mi propio asombro.

Yo iba así, cantando los espacios de mi pequeño mundo, alborotando la fuente de los sentidos, apreciando las colinas inmemoriales, instalándome en la ciudad como un oasis que se alza entre muros conocidos donde aletean centenares de vencejos.

Éste era un oficio que multiplicaba los sueños y el ritmo de la tarde recostada blandamente sobre los residuos del día.

Me había abocado a las pacíficas ceremonias del origen, a los placeres suntuosos que depara el trato con la piedra auténtica que compartía el fulgor del sol y el silencio de plata de una luna cuya huella indeleble se deslizaba en el centro de mi pecho.

Yo solía cantar en este trono de fuego y
>   tempestades.

Yo solía cantar como un hijo pródigo que luego de la embriaguez de la vida errante volvía a seducirse entre las germinaciones de su destino clavado sólo a esta
>   ciudad y no a otra cualquiera.

Todo reclamaba el esplendor de los soles tiñendo la piedra consabida; todo consistía en verter mi canto en la espesura de las escasas arboledas. El silencio de la creación alcanzaba el rastro de mis himnos, pues las palabras de amor siempre llegan hasta el corazón
>   de los milagros.

Yo solía volver a la ciudad para enroscarme en la humedad de abril, para lamer los pálidos destellos de un deseo y mil promesas, con las manos bien enterradas para no desprenderme del suelo que tantos se empecinaban en ir amando y odiando al
>   mismo tiempo.

Lo mío era un canto de amor, pero también una plegaria. Lo mío era un hábito que el tiempo no desordenaba. Nadie debería huir de las transparencias que brillan y perdonan, de la candela

que aflora en la sangre, de la marcha nupcial que
poliniza los naufragios y perfuma las costas de este
puerto de la meseta castellana.

Yo moraba aquí, en este joyel fosforescente. Pero
posesión mía también eran la estación y los andenes,
la voz de los antiguos maestros o los sueños de la
estirpe vagando sin límites, almacenando chucherías
y presentes en la sentina de un bergantín abarrotado
de difusas divinidades.

Yo solía volver la vista atrás en cada partida.

Acabado el verano, volvía.

Volvía para hablar con el corazón de la piedra,
íntimamente, como amantes cogidos de la mano,
descubriendo el calor de cada uno, dispuestos a
convertir cualquier visillo en un amplio ventanal
donde los paseantes pudieran constatar la felicidad
de su connubio.

Yo solía cantar en la penumbra de los días lluviosos.

MUJER DE LA MAÑANA

También te amo
cuando tu rostro me despierta a las siete y treinta
e inaugura el nuevo día con la ternura
de unos labios carentes de carmín.
Contemplarte refugiada entre las sábanas
resulta suficiente para trazar la caminata
que supera el desencanto y encara
el agrio jornal y la envidia de quienes escrutan
demasiado el insistente vuelo.
Me despierto y la oscuridad es ya algo menos.
Luego piso con ganas las sombras huidizas
y constato que existo sin puntos suspensivos:
hay suficiente música de fondo en tu quietud
que —embriagado por el exceso— busco
abocetarla en el fondo de mis ganas.
No abro la ventana aún.
La intimidad deja huellas de timidez, de torpezas
o de placeres imborrables. La mesura se impone
en estos minutos apacibles donde el amor de uno
se mastica en silencio, con los gestos que permiten
ir tejiendo —de locos presagios— la piel
o el vergel que te recubre.
Me fuiste enviada para evadir el naufragio cotidiano
y por ello te soplo un beso ingenuo
mientras salgo en busca del jornal.

CALLE DE LA COMPAÑÍA

Vivíamos asombrados sabiéndonos tan breves
bajo la eterna amenaza de un suave chasquido
o el coletazo del tiempo en nuestras venas.

Al derrumbe del invierno girábamos nuestros pasos
hacia la calle de la Compañía. Allí, de madrugada,
la sugestión de sus muros nos trasladaba siglos atrás,
cuando los trovadores desorientaban a la noche
conspirando con amor y palabras tutelares.

Las farolas estaban colgadas en la piedra,
como los candiles que daban lumbre
a los bardos de entonces.

La antigüedad nos vestía con prendas sensuales
y los dos sentíamos máxima ternura caminando
cogidos de la mano, siguiendo el rastro de la dulce
música que brotaba desde altos tapiales.

Dios no nos era distante cuando llegábamos al aire
indócil de la Clerecía, donde tenía su trono de plata
y yacía como un padre benévolo dispuesto a
bautizarnos.

Quizá la fiel soledad del amanecer

propiciaba el lentísimo regreso del Dios huraño.
Quizá la Casa de las Conchas transformaba sus
    abalorios
en un fértil reino para ceremoniales de misteriosa
    liturgia.

Consumábamos la vida mientras desatábamos la
    muerte
en un espejismo de ámbar y de penumbras.
Sólo al entreabrir los ojos
quedaban disipados aquellos momentos sagrados.

Como encalado al aula de Fray Luis

Altar permanente
y nunca un lugar común.

Un día y otro y otro más donde toparse
con el silencio y percibir la eternidad
brotando de la penumbra.

Soy
el rezagado que vuelve
para conservar ese silencio
entre las paredes del instinto.

Llego y me siento, subrepticiamente,
en el incómodo pupitre
que guarda los años hurtados al maestro.

Y el ayer se me hace un hoy
defendiendo su mañana.

Afuera, un sol de secano
todavía atrae a quienes contemplan
su estertor de luces
batiendo sobre la cúpula catedralicia.

Pero lo mío es pulsar en el recinto oscuro,

buscar la voz redonda
que encienda la sangre y el tiempo
luminoso.

Digo abrazo
y alguna mano fiel me va palmeando
con cariño.

Digo fulgor de antaño
y las palabras se moldean
sobre el púlpito que recuerda
lecciones y envidias de los antepasados.

Digo volveré
y unos dedos tamborilean
desde la vetusta silla del lector.

LA ISLA DE LOS PÁJAROS

La mirada penetra en el crepúsculo
y se arrebata ante el original asalto.
¡Qué ejercicio es éste!, ¡qué tupida negrura!
Caen del cielo hiriendo el horizonte,
turbando el bosque adormecido,
su posada segura bajo el rumbo cierto
de un Tormes abrumado de secretos.
Miles de tordos llegan a Tejares,
a su isla de ramajes que vibran
al iniciarse el concierto.
Piadosa brisa acaricia mi rostro
cuando me asomo al balcón y admiro
el victorioso aletear de esos peregrinos
por las agonías del verano de Castilla.
La noche entera se escuchan sus cantos
para arrullar el sueño del retoño.
La isla les acoge con murmullos del agua
atravesando el molino de Lazarillo.
La isla les deja contemplar la ciudad antigua
porque el agua es un espejo parpadeante
donde se divisan las colinas encendidas.
La isla es el preludio de otros vuelos.
La isla toda es un recinto privilegiado
que renace mientras los tordos de Tejares
siguen con su furibundo canto
bajo la luz de todas las estrellas.

CÁNTICO PARA ENTONAR ANTE CUALQUIER DERROTA

> *Nada me desengaña: el mundo me ha hechizado*
> FRANCISCO DE QUEVEDO

I.

Tómese mi derrota como un ejercicio de costumbre,
la heredad embestida que en estos predios
     permanece.

No hay silbo enardecido ni quejido llagado en pena:
sólo rebeliones derramando desvelos
en la glacial oscuridad de un alto velador de
     indolencias.

Los golpes fieros, por su propia desmesura,
trascendidos fueron en el remanso de mi sed.
¡Pocos se embeben con la humilde espuma
que de súbito abrasa las entrañas!
¡Pocos adoban su imaginación para hidratar
tan lenta y aburrida singladura!

Convoco
la serenidad y todo cambia en el anfiteatro,
y ya nada es igual en este asedio de puñales
     ligerísimos

donde para muchos el silencio
resulta eficaz método de salvación.

Perder entonces no es disturbio ni castigo:
sólo derrota olvidable, sólo suceso...

Los furtivos piden epitafios, pero alguien les señala
que no hay despojos, que el hombre se abre al
       espacio
y construye su huella más allá de las inauguraciones,
lejos del inútil movimiento fragmentario.

Exhibo la derrota con el perfil invicto.
Inspecciono escaparates.
Escucho pronunciamientos. Atraigo
la lucidez hacia mis asombros.

La experiencia y la
claridad de los campos yacen en mis brazos,
repoblando la vida de felices evidencias.
¿Derrota o triunfo?

Otros reptan cuando mi voz no calla.

El aposento se invade de pureza:
fértil equilibrio para arder en el mejor fuego,
en el exiguo espacio donde el calor resulta cómplice
       del recuerdo.

Oh plenitud de mi sonrisa,
vaticinio internándose en la noche bajo el crepitar
de esta piel que vuelve a la ceniza.

II.

Tómese mi derrota como un ejercicio de costumbre.
las heridas antiguas unieron su pasión
emergiendo de la piedra, de las calles mil veces
manoseadas, de los afanes tensos e ilimitados.

El que atrás viene no podrá librarse de amores
y desengaños.

La majestuosa plaza -granero de piadosos, embeleso
en busca de soledad- se curva ante el desatino
de quienes fraguan guillotinas.

Pero no es la tristeza la que sustenta mi memoria:
es la danza de la luz entre las piedras,
es el tacto de la lengua rozando su tersa armadura,
es la lluvia de estrellas en la meseta,
los tordos volando entre espaciados árboles,
el beso del viento evocando inocencias
de variadas mejillas.

Dorado escenario para una débil voz acumulando
        sueños.
callada promesa la de esta atmósfera
que en mí despierta tercos fervores.

Quedo empadronado a su relieve,

al amor que nace cuando me proporciona luz
y me conmueve
y me acostumbra.

La ciudad está en mi tatuada
cuando otros reptan y mi voz no calla.

De madrugada acaricio su hermosa soledad
y me siento vencedor tras la derrota.

Poner pintura

De DISTINTAS MORADAS

Poemas espigados de los siguientes poemarios, plaquettes y antologías personales: 'Ofrendas del tercer hijo de Amparo Bidon' (2003), 'Pájaros bajo la piel del alma' (2006), 'Hombres trabajando' (2007), 'Estación de las tormentas' (2009), 'Oídme, mis hermanos' (2009), 'Aquí hago justicia' (2010), 'Margens de um Mundo ou Mosaico Lusitano' (2011), 'La piedra en la lengua' (2013), 'Hasta que Él vuelva' (2014), 'Ante el mar, callé' (2017), 'Para después' (2018) y 'Gaudeamus' (2018).

LA CASA DEL PERDÓN

Oye cómo los odios vociferan contra ti su idioma
de muerte y destrucción.
Oye sus bravíos saltos para hacerse con el cetro de la
      jauría.
Oye sus pasos salvajes trayendo desolación al
      inocente
que apenas se mantiene en pie.
Oye sus murmuraciones que les llevan a hirvientes
      desvaríos.
Oye el triste resonar de sus respuestas adulteradas.
Oye la enumeración de tan malolientes costumbres.
Oye las blasfemias que duelen como mordeduras.
Oye sus amargas maledicencias entretejiéndose
      pálidamente.
Oye la falta de remordimientos que expresan.
Oye sus palabras impregnadas de fósforo y estiércol.
Oye cómo pregonan su inmisericordioso menester...
Óyeles con tu corazón asediado por ese prontuario
de conspiraciones y patrañas.
Óyeles sin retroceder, pues tu poder es el amor
que les resulta inalcanzable.
Después de oírles,
enseñarás que la casa del perdón está hecha de amor
y que el amor no es un reino ajeno ni una fría lápida
      sin epitafio.

Darás la paz y el perdón a tus angustiadores
y que ellos escarben en su memoria
el inventario de infamias
o revisen el aceite caliente que irriga sus corazones.
Porque tu amor está contigo
nada entenebrece la convivencia de tu casa.
He aquí el testimonio que abre la puerta a vidas
        deshabitadas,
a hijos pródigos volviendo al conjuro del amor.

PESSOA, FERNANDO

Se aparece a las cero horas, mientras leo sus salmos
  perpetuos.
No vendo esta flor que resiste los siglos;
no compro otra flor mientras esta transfigure mis
  cicatrices.

Árbol ardiendo, todavía.

Libélula impaciente, desde el 35,
sea Álvaro
o Bernardo, sea Ricardo o Alberto,
sea Alexander o Antonio al vaivén del repliegue en sí
  mismo,
absorto en otras existencias que apresan su
  insaciedad
y le marcan como hierros lejos de su cuerpo.

Su huella está en la cumbre, hecha brasa.

Leo los pliegues de su alma,
¡y cómo me persigue tal pozo de tormentos!

Lo suyo es un Libro de Primicias
que increíble me acostumbra a respirar de otra
  manera.

Otro poeta, su sombra,
(posiblemente yo), susurra:

Nunca he sido yo, pero quizás mentí para decir la
 verdad.

Mañana, cuando despierte, bajaré a la playa
para cumplir uno de sus mandatos:

"Al sol siéntate. Y abdica
para ser rey de ti mismo".

OJALÁ QUE NUNCA TE SUCEDA

A ti te tocará otra suerte
cuando se aleje la bonanza
y, al mirar en su vientre seco,
querrás ir tras el pan para los tuyos.

Serás como el recién llegado
que busca comida en la basura
y debe dormir bajo los puentes
mientras todo brilla por arriba.

Tú habías perdido la memoria
de esa pasada ciudadanía
que ataba las hambres a su cuello
y el trabajo a la servidumbre.

Pasarás desmedidas privaciones
para lograr empleos miserables
que los nativos del lugar no desean
y tú harás con puntual esmero.

Todos viajamos en un mismo barco
que sube y baja con la marea.
Por el oro nunca te envanezcas
pues bien puede faltar mañana.

Sí: ojalá que nunca te suceda.

LA PIEDRA EN LA LENGUA
(Unamuniana al alimón)

*

Salamanca, luciérnaga de piedra.
Después daré vueltas
para que no me hiera lo eterno.

*

Tu voz avanza siempre,
porque no teme a inquisidores.

*

La niebla no oculta
lo numinoso
ni el interior del hombre.

*

Leyéndote son oíbles
antiguas voces.

*

¿Te besaron los traidores,
como entonces
al Amado galileo?

*

¿Destierros, destituciones?
Surco y horizonte deja
un espíritu que no flaquea.

*

Huracanado espíritu
el del profeta
que habla de ayer a hoy.

*

Hiciste añicos a tanta impostura
de los mequetrefes.

*

¿Quién te conoce,
de verdad,
en la ciudad amarilla?

*

Al sol de la distancia
se eclipsan
todas las envidias.
Tu universidad, verdadero
recipiente donde depositar
el sentir y el pensar.

*

Un pastor fusilado
por hordas salvajes.
Tiembla tu voz.

*

¿Pensar algo sin sentirlo?
¿Sentir algo sin pensarlo?

*

Tu heredad se expande
como una larga mondadura.

*

La piedra en la lengua
y el espíritu
habitando la ciudad.

                                       (Fragmentos)

¿TAMBIÉN TÚ, QUERIDO CUERVO?

¿Acaso no recuerdas
que era yo quien recogía
a cada pájaro caído?

Nunca me importó
recibir chanzas
y desdenes
por tal proceder.

Pero ahora tu lenguaje
se ha vuelto malévolo
y picas mi mano
hasta hacerme daño.

No sé por qué,
si sólo curé tus heridas
del cuerpo
y luego te dejé en libertad.

Ven, pajarillo,
mi casa sigue abierta,
como siempre
lo está mi corazón.

GARZA VISTA AL FINAL DEL ARCOIRIS

Sé que estos bosques
lagrimean sus resinas
si me sienten lejos.

Por eso vuelvo si puedo
donde la vida verde
recibe mi cuerpo
como algo muy suyo.

Durante un viaje,
la lluvia bautizaba
mis oraciones, cuando
-por la orilla del lago-
vi la belleza
solitaria de una garza
sobre cuya cabeza terminaba
el arcoiris.

En esa tierra sagrada
terminé postrando
mis rodillas.

HERMANO, AMIGO QUE TRABAJAS...

Yendo a lo nuestro,
acercándonos a las cerillas
que al crepúsculo
alumbran los rostros, te diré
que debes aprender a recibir los días
con todas sus esquirlas,
a que pueden volver
veranos oscuros,
languideces,
grilletes...

Hermano, amigo
que trabajas esquivando
menosprecios y bofetadas, yendo
a lo nuestro te diré
cómo el vivir se resbala
tan obstinadamente
de espaldas
a la imaginación, cómo
la tropa de jabalís enseña
sus babeados colmillos
mortales.

Los códigos
consultados a tiempo
sirven para exorcizar.

¿Renunciar?
¿Por qué renunciar?

La tarea no acaba jamás,
pues quedas en el mientrastanto
de voluntades atmosféricas
fastidiándote ex profeso.

Hermano mío y de mi esperanza,
amigo que apartas moscas
del estercolero, ¿quién sentenció
que se acabaron los conflictos?,
¿quién metió en tu cabeza
que ya no pisan la cerviz?

Debes saber que todavía
arrástranse los depredadores,
que aún sobrevuelan insaciables buitres,
esperando tironear tu estómago
con su pico.

Amigo que trabajas:
bajo este sol
no quiero que tiembles;

no quiero que pidas misericordias
bajo esta cruz de azúcar.
Felicita a quien contrate
de buena ley, a quien sea generoso
si su negocio sube como
la espuma, a quien no gira su cuerpo
cuando tú pasas sudando
cargas.

Ya escucharás el clarín
que despierte a los desalentados
y haga un coágulo al que, ufano,
cante su contabilidad mafiosa.

Hermano, amigo que trabajas
tan honrado, yendo a lo nuestro
te diré que no basta
el aguacero legislativo, pero sí
el olfato, pero
sí el acento en la letra "o"
o la comunión con el compañero
que intuye
socavones esclavizantes.

Levántase un estatuto de justicia
para estos días mayúsculos,
legañosos,
ásperos,
fríos.

HONESTIDAD

Una tela de araña
flotando,
cumpliendo la misión
de ocultar el horizonte.

Algunas manos sucias
y el desinterés
de la mayoría.

Y tú,
buscando eliminar
el asco,
las pústulas
que imponen su gusto.

Ser honesto
es la debilidad
que te hace fuerte.

SER O NO SER

No digas
que estás con las víctimas,
si eres del clan
de los verdugos.

No se inflen de pueblo
tus pulmones,
si no asumes
sus asuntos.

No hables
del pan para el mañana,
si los otros
no tomaron desayuno.

¿DERROTA?

Quise ser
hermano de todos.

Sin embargo,
uno es enemigo del otro.

Voy casi solo,
sin saber quién es quién.

Señor, no quiero
que mi soledad sea
tu derrota.

CON DIOS

¡Abierto estoy, Dios, a tu relámpago eterno,
plegado al suelo donde oigo a un ruiseñor
que trina cuando me expando bajo tu Cruz!

¡Ni al crepúsculo se me rompe la esperanza,
tributaria de huesos que crujieron allá lejos,
amparándonos con su nobilísima ternura!

¡Así, Tú, yo, bienaventurados del milagro
en clave profética, espejos de una alianza
experta en redenciones bajo soles oscuros!

¡Libertad de repente para volver al punto
de partida! ¡Libertad para desordenarme
entre la luz donde seguro es exacta tu Voz!

¡Rasga la noche, Señor, y múdame de esfera!

ICHTUS

Tuyo el corazón
que portamos sin disfraz
y sin fracturas de la fe,

Evangelio en ristre,
razón de ser
sobre las brasas
de la resurrección.

Tuya la sangre
de nuestro vino y tuya
la Vida que absorbe
nuestras muertes.

Tuya la Cruz vacía
y el estatuto nuevo
moldeándonos el futuro
junto a la zarza
ardiente.

Y cuando el naufragio
o la tormenta,
tuya también es nuestra

tabla de salvación.

ORFANDAD

Perder un padre
es perder un imán.

Pero no eres
de los que se repliegan,
aunque te lancen
látigos feroces.

Perder un padre
es nacer dos veces
saludando ausencias
con las manos
escondidas.

Pero no eres
comedor de tristezas:
maduras
en plena niñez
y sigues inocente
en tu edad madura.

Perder un padre
es perder
una luz que no tiene

principio ni fin.

Treintaitrés años en la Universidad

Invicto el destiempo
que me religa a un claustro
pródigo en donarme
algunos segundos
de lo eterno.

Soy un bienaventurado:
vivo entre voces
que nadie pudo enterrar.

Las oigo entre aula y aula
de escuelas que
acopiaron resonantes
pensamientos,

poesía contra el fuego lento
de las inquisiciones.

Salamanca,
gran temperatura
palpitando
desde mi Universidad.

MÉXICO, UNA MAÑANA DE NOVIEMBRE (1963)

Homenaje a Cernuda

Atado a la cadena del amor que se abandona
en el inmenso diámetro de la soledad;
atado a la amargura y al mástil de la desolación,
un pecho constelado decidió ocultarse
en cierta lejanía que contiene más luz
que el fogonazo de un millón de lámparas orientadas
hacia miradas ajenas.

Era el Poeta quien partía.
Tenía expresión de viejo marino que espera el alba
para poder sumirse donde habite el olvido.
El precio estaba pagado.
También las estaciones del fulgor
y la angustia encarcelada de las varias voces
que en él hablaban.

Apoyando su cuerpo al tibio vacío
y a la pena que no decía palabras,
el tercer hijo de Amparo Bidón trazaba la noche
del hombre y del demonio.
Sabía de compañeros imposibles
y de estrictas hermosuras
destiladas desde su profundo espíritu.

Era su forma de matar el Tiempo.

PASEO DOMINICAL

Con António Salvado

Ese mismo juramento que los labios reviven,
una cosecha de arpegios cual promesas
para atornillar el aire y nuestro efímero camino.
A cada paso nos hablábamos al alma
bajo árboles de doradas hojas
o sobre hojas caídas tapizando aceras
y el ambiente blanco del domingo.

¿Cómo he de decirlo? ¿Convertido en recuerdo,
en parva cosecha de elevado gozo?
Esbocemos apenas aquella comunión
con la tenue llama de la armonía
o simples instantes que cuenta el corazón
y el oro puro trocado en poesía.

Cobran realeza innúmeras ocurrencias
si recorres la avenida Nuno Alvares
y quedas impregnado de ciudad y de provincia
en la compañía inolvidable de António Salvado.

Un viento otoñal, sin melancolía,
torpeaba dulcemente a nuestro paso.

EL NÁUFRAGO DIOGO DE VISEU SOBREVIVE EN UNA ISLA DESIERTA DE LA BAHÍA DE SOFALA, Y ES FELIZ

a Margarida y Jorge Fragoso

Solitariamente, el náufrago
edifica otro mundo rompiendo brújulas
de un pasado a extinguir.

Justifica su respiración cuando decapita recuerdos,
y despierta acostumbrándose
al fértil destierro que insufla parabienes, que
cura la mente de los discursos escuchados,
aliviando su cuerpo de largos viajes
en pos de tesoros para monarcas
y amanuenses.

El náufrago vive ahora en sí,
en la claridad desierta de una tibia playa
donde no espera nuevos embarques
ni juicios por deserción,
ni ver mendigos por las callejuelas
de Lisboa.

Estremece verlo sin la ciudad
al pie de sus andanzas.
Pero descansa feliz y existe en soledad,

en medio de pleamares deteniéndose
al borde de sus pupilas.
Ya se olvidó del sarcasmo de vivir
entre efigies y leyes injustas, entre clérigos
impostores y seres bailando al son del látigo
o el chillido de reyezuelos.

Se olvidó de aquel vivir desvariado:
goza ahora los instantes de adentro
y los días valientes que nada prohíben,
pues la isla le permitió perder
nombre y renombre, junto a entumecidos
oficios que implicaban luchas
cuerpo a cuerpo.

Ahí está, feliz, el náufrago
en isla desierta de Mozambique,
sepultando herrumbres y voces lejanas, rogando
a su Dios personal para que vientos y tempestades
no arrojen otros huéspedes a la playa.

Ahí lo tienen, apagando incendios,
borrando sus huellas por el arenal,
señor de unos dominios
donde quiere perpetuar su desaparición.

La isla no se abandona.
La isla desierta es el espacio donde

cuelga su mundo interior y sus harapos.

Las noches llegan con tardanza.
El aroma de sándalo entra en los pulmones.
Los pájaros danzan sobre el cielo
inmaculado de la isla.
La tormenta tropical desclava agua de las nubes
y baña la naturaleza y hasta la sombra del náufrago.
La luz de la luna es indivisible,
como los crepúsculos o el enigma de ser hombre,
como el mar que viaja hacia la isla
para arrullar al que quiere larga soledad
y una espalda libre de puñales.

Una sonrisa frena cualquier desasosiego,
mientras la lluvia se obstina en aplacar su sed.
Nada resulta semejante a la vida dejada atrás:
pero basta la tranquilidad que colma;
pero es suficiente la soledad salvadora
de los días.
El parto de los frutos es fascinante
y lo hace dueño de la tierra, mendigo
que con sólo levantar las manos
multiplica un mundo de sin igual riqueza.

En la isla cesan trotes y fatigas.
También amargas despedidas
y tiempos extraviados.

El náufrago piensa
que en ello reside la libertad
de quien cuenta peces y estrellas,
de quien en verdad vive como un hombre
cuyo único deseo no es un salvoconducto real
que le abra todas las fronteras, sino ser arrendatario
de un pequeño litoral
o de una prolongada primavera
donde recobrar la esperanza.

Apenas esta resurrección
obtenida por arbitraje divino, voluntad
e ilang-ilang.
Apenas esta mutación
que regenera las fuerzas
del espíritu.

El náufrago se adhiere
a la impúdica luz del trópico
y al ángel de la guarda
que le permite desterrarse el resto de su vida.
Destruye el bote salvavidas, lo quema
pausadamente hasta que nada queda
de él.

Así el triunfo queda a la esquina del mañana.
Así se invierten designios, se desechan enojos,
se quitan hábitos espurios...

Y otra vez el hombre se abraza
a su íntima raíz.

Isla: da cobijo al hombre efímero.
Náufrago: acumula la luz de las luciérnagas.
Lluvia: mima la boca del que calla su historia.
Viento: deletrea las palabras secretas.
Mar: calma tu lengua de espumas.
Cielo: bienquiere la fe del solitario.
Pájaros: convoquen al firmamento en torno suyo.

¡Que la aventura de estos ruegos fructifiquen
en los ámbitos dominadores del alma!

¡Que el náufrago permanezca entre arenas
        amparadoras!

¡Creedme, necesita tal asilo y arraigo,
oh isla donde no existen las lamentaciones!

Ahí queda el náufrago, ufano de su dulcísimo retiro,
hechizando sus propios ojos
para que por doquier sólo descubran isla,
isla,
isla...

FORASTERO

Tierras duras, ¿dónde un hueco para este paria
que no se resiente ni a la menoscuarto? ¿Dónde
un catre roto para tiritar lento otra amanecida?
¡Aquí acudo, mis murmuradores! ¡Aquí perforo
la tela en pos de trashumancias! ¡Aquí, pisando
cepos, trastabillo y aprieto los dientes y hambreo
hasta roer la piedra! ¡Aquí resiembro espinas
que me torturarán más allá de la extremaunción!
¡Sí, gentes huidizas del abrazo o del desangre,
vine para deambular por el hedor de la basura!
Tierras duras, ¡ni baratijas traigo ni lujos pido
al hosco secano de vuestro corazón! Amados
prójimos, ¿por qué huyen de mi faz mendiga?
¿Mías las fronteras, los visados? ¡Nada es mío
salvo el horizonte boreal no sujeto a la muerte
o la aguja que de continuo taladra el minutero!
Tierras duras, tierras empinadas por los siglos,
¿dónde unos granos de trigo?, ¿dónde el zumo
de dulce viña? ¿Dónde un colchón de paja vieja
para posar mi día cardal o mi fatiga sin brecha?
¡Creo en el maná que veo en la mano del Amor!

Acerca del autor

Alfredo Pérez Alencart (Puerto Maldonado, Perú, 1962). Poeta y ensayista peruano-español, profesor de la Universidad de Salamanca desde 1987. Es miembro de la Academia Castellana y Leonesa de la Poesía y de la Academia de Juglares de San Juan de la Cruz de Fontiveros. Fue secretario de la Cátedra de Poética Fray Luis de León de la Universidad Pontificia (entre 1992 y 1998), y es director, desde 1998, de los Encuentros de Poetas Iberoamericanos que se celebran en Salamanca. Su poesía ha sido parcialmente traducida a 50 idiomas y ha recibido, por el conjunto de su obra, el Premio de Poesía Medalla Vicente Gerbasi (Venezuela, 2009), el Premio Jorge Guillén de Poesía (España, 2012), el Premio Humberto Peregrino (Brasil, 2015) y la Medalla Mihai Eminescu (Rumanía, 2017), entre otros. También es presidente del jurado del Premio Internacional de Poesía António Salvado-Ciudad de Castelo Branco (Portugal) y Premio Rey David de Poesía Bíblica Iberoamericana (España), además de ser miembro del jurado y responsable literario del Premio Internacional de Poesía Pilar Fernández Labrador (Salamanca, España). Tiene publicados veinte poemarios y plaquetas, diez antologías y un volumen con cincuenta entrevistas a él realizadas, 'Libro de las respuestas' (Betania, Madrid, 2020), seleccionadas por la poeta y traductora búlgara Violeta Boncheva. También tiene seis libros de ensayos sobre su poesía, con trabajos de más de doscientos académicos y escritores.

Tiene publicados los siguientes poemarios: La voluntad enhechizada (2001); Madre Selva (2002); Ofrendas al tercer hijo de Amparo Bidon (2003); Pájaros bajo la piel del alma (2006); Hombres trabajando (2007); Cristo del Alma (2009);

Estación de las tormentas (2009); Savia de las Antípodas (2009); Aquí hago justicia (2010); Cartografía de las revelaciones (2011); Margens de um mundo ou Mosaico Lusitano (2011, en portugués; edición española, 2022); Prontuario de Infinito (2012); La piedra en la lengua (2013); Memorial de Tierraverde (2014); El sol de los ciegos (2014); Regreso a Galilea (2014, en inglés, hebreo, árabe e italiano), Lo más oscuro (2015, en cincuenta idiomas), Los éxodos, los exilios (2015), El pie en el estribo (2016), Ante el mar, callé (2017), Onde estao os outros? (2019, Sao Paulo), Barro del Paraíso (2019) y El sol de los ciegos (2021). Antologías suyas son: Oídme, mis Hermanos (2009, en español y alemán); Da selva a Salamanca (2012, en portugués); Antología Búlgara (2013); Monarquía del Asombro (2013); Invocación / Invocação (2014); Según voy de camino (2016, en chino, griego, inglés y bengalí); Tu je nebo (amplia antología en croata, 2016); Una sola carne (2017. También hay edición rumana del mismo año); Para después / Per il domani (2018, en español e italiano), Gaudeamus (2018), Llegada (2022) y Selva que cabes en el tamaño de mi corazón (Poesía amazónica reunida, 2022). Hay cinco libros sobre su obra: Pérez Alencart: la poética del asombro (2006), de Enrique Viloria; Arca de los Afectos (2012), homenaje de 230 escritores y artistas de cuatro continentes, edición de Verónica Amat; Alencart, poeta de todas partes (2015, sesenta escritores y críticos en torno a su libro 'Los éxodos, los exilios', coordinados por Enrique Viloria); 'La órbita poética de Alencart' (2006) de Jaime García Maffla; 'Visión poética en tres libros de Alfredo Pérez Alencart' (2017), de David Cortés Cabán, y 'Alencartiana. Pareceres sobre la poesía de A. P. Alencart' (2020), con 74 ensayos sobre sus libros, coordinado por Jesús Fonseca Escartín. También un volumen con 50 entrevistas a él búlgara Violeta Boncheva.

Acerca del artista

Miguel Elías (Alicante, España 1963). También conocido como el 'Pintor de los poetas', pues ha retratado a más de 200 poetas iberoamericanos, como José Hierro, San Juan de la Cruz, Ramón Palomares, Fray Luis de León, Antonio Colinas, Olga Orozco, Unamuno, António Salvado, Claudio Rodríguez, Albano Martins, Jesús Hilario Tundidor, Alfredo Pérez Alencart o Francisco Brines. Es profesor Contratado Doctor Permanente y Director del Máster de Lenguajes de Expresión Artística y Creación Contemporánea de la Universidad de Salamanca. Pintor, grabador y profesor de la Usal, donde se licenció y doctoró. Su obra ha sido reconocida en el Certamen Internacional de Grabado del Museo de Arte Moderno de Tokio, con el Premio de Pintura Ciudad de Burgos, el Premio Fray Luis de León o el Premio Arte Joven de la Diputación de Granada, entre otros muchos. Ha participado en más de 100 exposiciones colectivas y ha realizado 25 muestras individuales, entre ellas las dos más recientes, dedicadas a sus diálogos con los poetas San Juan de la Cruz y Dante. Su obra se encuentra en París, Tokio, Nueva York, Italia, Venezuela, Brasil, Alemania, Portugal, Italia, Croacia, Perú... Gran parte de sus trabajos gráficos se conservan en la Sala Goya de la Biblioteca Nacional de España.

ÍNDICE

Trofeos de caza
(Antología personal)

Algunas pertenencias. (Pórtico) · 13

De *Amoris causa*

Querencia · 19
Ardo, y es por ti · 20
Gacela mía · 21
El deseo bajo el sol · 27
Sol de verano · 33
Si lo hicimos · 35
La silueta del amor · 38
Privilegios del confuso · 40
Cuando el divino deseo · 42
Cántico de los cuerpos · 43

De *Los éxodos, los exilios*

El viaje · 49
I · 51
II · 53
III · 55
IV · 57

V · 59
VI · 61
VII · 63
VIII · 65
IX · 67
X · 69
XI · 74
XII · 76
XIII · 78
XIV · 80
XV · 82
XVI · 84
XVII · 86
XVIII · 88
XIX · 93
XX · 94
XXI · 97
XXII · 99
XXIII · 101
XXIV · 103
XXV · 105
¿Cuándo termina el viaje? · 107

De *Barro del Paraíso*

Salmo del bienaventurado · 115
Ojo de silencio · 117
Proclama del heraldo · 119
Clavos que el cuerpo no perdió · 121

Barro del paraíso · 123
Sansón enceguecido · 125
Ángel de sobrevivencia · 127
El defensor · 129
Parábola de lo terrible · 131
Búsqueda del lugar · 133

De *El sol de los ciegos*

Taller · 139
Lo más oscuro · 140
La poesía alcanza · 141
Invocación · 142
Todo sucede · 143
Creación · 144
Mirada que ruega · 145
Resistencia · 146
Alondra · 147
Los fariseos, siempre los fariseos · 148
Perdón · 149
Migrancia · 150
Hijos de adán · 151
Soy, seré… · 152
Eva · 153
Ninguna bomba habla mi idioma · 154
Advertencia para envidiosos · 155
En vida, las flores · 156
Ladridos · 158
Fama · 159

Con el vino me hablo de tú · 160
Campo de refugiados · 161
Vuelta a casa · 162
La última cena · 163
Para después · 164

De *Cartografía de las revelaciones*

No juego a vencedor · 169
Mujer de ojos extremos · 171
En días como estos · 174
De lo siempre amado · 177
Poema para momentos difíciles · 181
Avisora, fermosa mía · 185
Acechan desiertos · 188
Trofeos huecos · 190
El circo · 192
Fray Luis aconseja que guarde mi destierro
y Álvaro Mutis confirma el final de
las sorpresas · 195
Aquí estoy para vivir · 197
Salva de silencios en voz alta por el juglar
de Fontiveros · 203
Si lo hicimos · 206
Las pérdidas · 209
Noche tatuada · 211
Wari Pachakutek cosecha las primeras papas
en el viejo mundo · 213
Perú · 216

España · 219
Mientras tanto · 222
Humillación de la pobreza · 224
La mesa está servida · 225
Donde corren las visiones · 227

De *El pie en el estribo*

I · 233
II · 235
III · 237
IV · 239
V · 240
VI · 242
VII · 244
VIII · 246
IX · 248
X · 250
XI · 252
XII · 254
XIII · 256
XIV · 258
XV · 260
XVI · 261
XVII · 262
XVIII · 264
XIX · 266
XX · 268

De *Savia de las antípodas*

La cita será mañana… · 275
(…)
Buitres volando… · 282

De *Prontuario de infinito*

Por extensiones vírgenes · 287
Te estremeces por el lobo y el cordero · 290
Ternuras aliadas al misterio · 293
Das de ti, te igualas · 295
Bandera blanca · 298

De *Madre selva*

Soliloquio ante el río Amarumayo · 305
Pasado · 315
Luciérnagas · 317
Arborescencia · 318
No dejaron cazar a don Luis Sanihue · 319
Presagios · 320
Palizadas · 321
Balseros · 322
Selvas destapadas · 323
Peticiones · 324
Crianza · 325
Glosario · 326

De ***Cristo del Alma***

En nombre del Hijo · 333

De **Memorial de Tierraverde**

El toro encantado · 347
Selva de hoy y de mañana · 349
Crónica sorprendente
de la última noche entre los mashcos · 351
I · 352
II · 353
III · 354
IV · 355
V · 356
La mudanza del encanto · 357
I · 358
II · 359
III · 360
IV · 361
V · 362
VI · 363
VII · 364
VIII · 365
IX · 366
X · 367

De *La voluntad enhechizada*

Llegada · 373
Santo oficio · 375
Tormentas de mayo · 376
Testimonio del hechizado · 378
Mujer de la mañana · 381
Calle de la compañía · 382
Como encalado al aula de Fray Luis · 384
La isla de los pájaros · 386
Cántico para entonar ante cualquier derrota · 387

De *Distintas moradas*

La casa del perdón · 397
Pessoa, Fernando · 399
Ojalá que nunca te suceda · 401
La piedra en la lengua · 402
¿También tú, querido cuervo? · 406
Garza vista al final del arcoiris · 407
Hermano, amigo que trabajas… · 408
Honestidad · 411
Ser o no ser · 412
¿Derrota? · 413
Con Dios · 414
Ichtus · 415
Orfandad · 416
Treintaitrés años en la Universidad · 417
México, una mañana de noviembre (1963) · 418

Paseo dominical · 419
El náufrago Diogo de Viseu sobrevive
en una isla desierta de la bahía de Sofala,
y es feliz · 420
Forastero · 425

Acerca del autor · 431

Acerca del artista · 435

STONE OF MADNESS COLLECTION
COLECCIÓN PIEDRA DE LA LOCURA
Personal Anthologies Collection
(Homage to Alejandra Pizarnik)

1
Colección Particular
Juan Carlos Olivas (Costa Rica)

2
Kafka en la aldea de la hipnosis
Javier Alvarado (Panamá)

3
Memoria incendiada
Homero Carvalho Oliva (Bolivia)

4
Ritual de la memoria
Waldo Leyva (Cuba)

5
Poemas del reencuentro
Julieta Dobles (Costa Rica)

6
El fuego azul de los inviernos
Xavier Oquendo Troncoso (Ecuador)

7
Hipótesis del sueño
Miguel Falquez Certain (Colombia)

8
Una brisa, una vez
Ricardo Yáñez (México)

9
Sumario de los ciegos
Francisco Trejo (México)

10
A cada bosque sus hojas al viento
Hugo Mujica (Argentina)

11
Espuma rota
María Palitachi a.k.a. Farazdel (Dominican Rep.)

12
Poemas selectos / Selected Poems
Óscar Hahn (Chile)

13
Los caballos del miedo / The Horses of Fear
Enrique Solinas (Argentina)

14
Del susurro al rugido
Manuel Adrián López (Cuba)

15
Los muslos sobre la grama
Miguel Ángel Zapata (Perú)

16
El árbol es un pueblo con alas
Omar Ortiz (Colombia)

17
Demasiado cristal para esta piedra
Rafael Soler (España)

18
Sobre la tierra
Carmen Nozal (España/México)

19
Trofeos de caza
Alfredo Pérez Alencart (Perú/España)

POETRY
COLLECTIONS

ADJOINING WALL
PARED CONTIGUA
Spaniard Poetry
Homage to María Victoria Atencia (Spain)

BARRACKS
CUARTEL
Poetry Awards
Homage to Clemencia Tariffa (Colombia)

CROSSING WATERS
CRUZANDO EL AGUA
Poetry in Translation (English to Spanish)
Homage to Sylvia Plath (United States)

DREAM EVE
VÍSPERA DEL SUEÑO
Hispanic American Poetry in USA
Homage to Aida Cartagena Portalatin (Dominican Republic)

FIRE'S JOURNEY
TRÁNSITO DE FUEGO
Central American and Mexican Poetry
Homage to Eunice Odio (Costa Rica)

INTO MY GARDEN
English Poetry
Homage to Emily Dickinson (United States)

I SURVIVE
SOBREVIVO
Social Poetry
Homage to Claribel Alegría (Nicaragua)

LIPS ON FIRE
LABIOS EN LLAMAS
Opera Prima
Homage to Lydia Dávila

LIVE FIRE
VIVO FUEGO
Essential Ibero American Poetry
Homage to Concha Urquiza (Mexico)

FEVERISH MEMORY
MEMORIA DE LA FIEBRE
Feminist Poetry
Homage to Carilda Oliver Labra (Cuba)

REVERSE KINGDOM
REINO DEL REVÉS
Children's Poetry
Homage to María Elena Walsh (Argentina)

STONE OF MADNESS
PIEDRA DE LA LOCURA
Personal Anthologies
Homage to Julia de Burgos (Argentina)

TWENTY FURROWS
VEINTE SURCOS
Collective Works
Homage to Julia de Burgos (Puerto Rico)

VOICES PROJECT
PROYECTO VOCES
María Farazdel (Palitachi)

WILD MUSEUM
MUSEO SALVAJE
Latino American Poetry
Homage to Olga Orozco (Argentina)

Children's Literature

KNITTING THE ROUND
TEJER LA RONDA
Homage to Victoria Ocampo (Chile)

Fiction

INCENDIARY
INCENDIARIO
Homage to Beatriz Guido (Argentina)

Drama

MOVING
MUDANZA
Homage to Elena Garro (México)

Essay

SOUTH
SUR
Homage to Victoria Ocampo (Argentina)

Non Fiction

BREAK-UP
DESARTICULACIONES
Homage to Silvia Molloy (Argentina)

Para los que piensan, como Octavio Paz, que la "poesía es la unión de dos palabras que uno nunca supuso que pudieran juntarse", este libro se terminó de imprimir en el mes de julio de 2023 en los Estados Unidos de América.